우리 행성 지구의 거의 모든 것

클레어 히버트 선생님은
어린이를 위해 200여 권의 과학책과 역사책을 쓴 논픽션 전문 작가입니다.
특히 세상을 바꾼 생각이나 역사를 바꾼 순간들에 관심이 많아 주로 이 분야에 대해 글을 쓰고 있습니다.
영국의 권위 있는 교육 기관인 NASEN(National Association for Special Educational Needs)이 추천하는
어린이책 전문 작가로서 '아벤티스 청소년 과학상(Aventis Junior Science Prize)' 최종 후보에 오르기도 했습니다.

아너 헤드 선생님은
어린이를 위해 책을 쓰고 만드는 작가이자 편집자입니다.
반려동물, 과학 등 다양한 주제의 글을 썼으며, 한국에 소개된 책으로는 《매직 돋보기 : 탈것이 궁금해》가 있습니다.

김아림 선생님은
서울대학교 생물교육과를 졸업하고 같은 대학원에서 생물학의 역사와 철학, 진화 생물학을 공부해서 과학사 및
과학철학 협동 과정 석사 학위를 받았습니다. 현재 번역 에이전시 엔터스코리아에서 번역가로 활동 중입니다.
옮긴 책으로는 《조개는 왜 껍데기가 있을까?》, 《세상의 모든 딱정벌레》, 《가장 완벽한 지구책》, 《빅뱅이 뭐예요?》,
《뷰티풀 사이언스》 들이 있습니다.

우리 행성 지구의 거의 모든 것

처음 찍은 날 | 2022년 3월 15일   처음 펴낸 날 | 2022년 3월 30일
글쓴이 | 클레어 히버트·아너 헤드   옮긴이 | 김아림

펴낸이 | 김태진
펴낸곳 | 다섯수레

기획편집 | 김경희, 김시완, 송미경, 김미희, 신혜수   디자인 | 정수연, 박정민
마케팅 | 이운섭   제작관리 | 김남희

등록번호 | 제3-213호   등록일자 | 1988년 10월 13일
주소 | 경기도 파주시 광인사길 193(문발동) (우 10881)
전화 | (02) 3142-6611(서울 사무소)   팩스 | (02) 3142-6615
홈페이지 | www.daseossure.co.kr   인쇄 | (주)로얄 프로세스
ⓒ 다섯수레, 2022

ISBN 978-89-7478-455-3 74030
ISBN 978-89-7478-424-9(세트)

Children's Encyclopedia of Planet Earth

Copyright © Arcturus Holdings Limited www.arcturuspublishing.com All rights reserved.
Korean translation Copyright ©2022 Daseossure License arranged through KOLEEN AGENCY, Korea.
All rights reserved.

이 책의 한국어판 저작권은 콜린 에이전시를 통해 저작권자와 독점 계약한 다섯수레에 있습니다.
신 저작권법에 의해 한국 내에서 보호를 받는 저작물이므로 무단 전재와 무단 복제를 금합니다.

알고 있나요? ❹ 지구

우리 행성 ^{거의} 지구의 ✓ 모든 것

클레어 히버트 · 아너 헤드 글 | 김아림 옮김

다섯수레

차례

지구 이야기를 시작하며   6

제1장 :: 놀라운 지구

지구	8	계절	10
낮과 밤	12	지구의 안쪽	14
지구 자기장	16	지형	18
산맥	20	대기권	22
자원	24	지구의 생명체	26

제2장 :: 화산과 지진

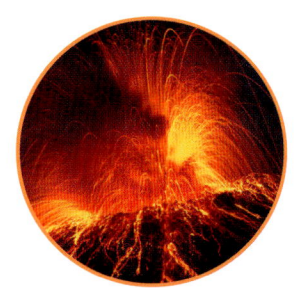

판 구조론	28	화산	30
화산 폭발!	32	불의 강	34
화산과 함께 살아가기	36	화산섬	38
지진	40	지진에 대비하기	42
지진 해일	44	온천과 간헐천	46

제3장 :: 암석과 광물

지질 시대	48	화성암	50
퇴적암	52	변성암	54
광물	56	결정	58
금속	60	보석	62
화석	64	화석 연료	66

제4장 :: 물과 날씨

물	68	강과 호수	70
바다	72	파도와 해류	74
기상 체계	76	강수와 폭풍	78
홍수와 가뭄	80	토네이도	82
열대 저기압	84	기상 예보	86

제5장 :: 기후와 서식지

기후대	88	기후 변화	90
사막	92	초원	94
숲	96	극지방	98
습지	100	동굴	102
농경지	104	도시	106

제6장 :: 대륙과 인간

세계 인구	108	아시아	110
아프리카	112	북아메리카	114
남아메리카	116	남극 대륙	118
유럽	120	오세아니아	122
지도	124	지구의 미래	126

지구 이야기를 시작하며

'지구 과학'은 놀라운 우리 행성 지구와 그 주변에 대해 연구하는 학문이에요. 대기권과 날씨는 물론, 지구의 다양한 특징들을 살피고 연구하지요. 지구의 큰 특징 가운데 하나는 물이에요. 지구에는 물이 풍부해서 다양한 생명체들이 살 수 있거든요. 우리 인간도 그중 하나이지요. 지구 과학은 자연 현상뿐 아니라 인간의 활동이 지구에 어떤 영향을 끼치는지에 대해서도 큰 관심을 가지고 있어요. 그 영향이 나쁜 쪽이든 좋은 쪽이든요.

북아메리카의 서부 지역을 따라 펼쳐진 로키산맥의 모습이에요.

대륙

지구에는 땅덩어리들이 바다 위로 솟아 있는데, 그중에서도 가장 거대한 7개의 땅덩어리를 '대륙'이라고 해요. 대륙은 지구의 표면인 '지각'의 일부로, 암석으로 이루어져 있어요. 대륙에서는 산맥이나 화산, 호수 같은 다양한 지형을 볼 수 있지요.

기후와 날씨

지구는 '대기권'이라는 공기층에 둘러싸여 있어요. 여러 층으로 이루어진 대기권은 태양의 자외선을 막는 동시에 태양열을 가둬 지구의 온도를 유지시켜요. 한편, 대기권에 나타나는 다양한 변화는 날씨와 기후에 영향을 줘요. '기후'는 한 지역에 나타나는 평균적인 날씨를 말하는데, 적도 부근은 1년 내내 덥고 비가 많이 오는 '열대 기후' 지역이에요.

바다

지구 표면의 약 71퍼센트는 짠 바닷물이 덮고 있어요. 그래서 우주에서 바라본 지구는 푸른색을 띠어요. 바다는 지금까지 발견된 23만 종의 생명체들이 사는 집이기도 해요. 그뿐 아니라 인간에게 식량과 물, 에너지를 주고, 물건을 실어 나르는 운송 경로이기도 하지요. 날씨에도 큰 영향을 주고요.

방글라데시는 '열대 몬순 기후' 지역이에요. 몬순 기후에서는 여름에 거센 비가 내리지요. 비가 집중적으로 쏟아지는 '우기'가 끝나면 방글라데시 영토의 4분의 1 정도가 물에 잠기기도 해요.

바다 표면에 바람이 불면 거센 파도가 일어요.

8,000만 년 전에서 5,500만 년 전 사이 지각이 움직여 암석 층을 밀어 올리면서 로키산맥이 솟아났어요. 얼음덩어리 빙하가 솟아오른 산맥을 서서히 깎아 지금과 같은 모습이 되었지요.

인간이 만들어 낸 변화

자연의 힘이 지구의 모습을 빚어냈지만, 인간도 큰 영향을 끼쳤어요! 인간은 살 곳과 농경지, 공장을 만들기 위해 신선한 물과 식량, 자원이 갖추어진 땅을 골라 일구었거든요. 강이나 바다의 만을 끼고 있어서 다른 지역과 교류하기 좋은 곳을 따라서 도시가 들어섰어요.

캐나다 앨버타의 모레인 호수는 겨울에 얼었다가 봄이 되면 녹기를 반복해요. 여름이면 호수는 빙하가 녹은 물로 가득해지는데, 그래서 7월에 수면이 가장 높고 가장 진한 청록색이 된답니다.

대서양 연안에 자리한 모로코의 에사우이라는 약 기원전 5세기부터 무역항 역할을 했어요.

환경

인간의 활동은 지구를 위태롭게 만들 수 있어요. 예를 들어, 석탄 같은 화석 연료를 태울 때 나오는 기체는 대기를 오염시키지요. 우리는 물론 미래 세대들이 계속 아름다운 지구에서 살아가려면 꾸준히 지구를 보살피고 돌봐야 해요.

풍력 발전기는 바닷바람의 힘을 이용해 전기를 만들어요. 석탄 같은 화석 연료와는 다르게 바람은 사라지지 않으며 환경을 오염시키지도 않아요.

알고 있나요? 지구의 대륙 7개는 아시아, 아프리카, 북아메리카, 남아메리카, 남극 대륙, 유럽, 오세아니아(오스트레일리아, 뉴질랜드, 남태평양 제도를 함께 이르는 말)예요.

제1장 놀라운 지구
지구

지구는 가장 가까운 별인 태양 주위를 도는 8개의 행성 가운데 하나예요. 암석으로 이루어진 4개의 행성 가운데 가장 크지요. 지구는 태양을 둘러싼 우주 공간인 태양계에서 '골디락스 영역'이라고 알려져 있어요. 액체 상태의 물이 있어서 생명체가 살아가기에 딱 알맞은 곳이기 때문이에요.

지구의 탄생

약 46억 년 전, 태양이 빛을 내기 시작했어요. 그리고 주위를 맴도는 먼지와 암석, 기체, 얼음 같은 입자들을 중력으로 끌어당겼어요. 이 입자들이 공 모양으로 뭉쳐져 행성이 되었지요.

1. 약 138억 년 전, '빅뱅'이라는 거대한 폭발이 일어나 우주가 시작되었어요.

2. 우주에는 '초힘'이라는 단 하나의 에너지가 존재했어요.

3. 초힘이 중력, 핵력, 전자기력으로 나뉘어졌어요.

4. 우주가 점차 차가워지더니 '원자핵'이 만들어졌어요.

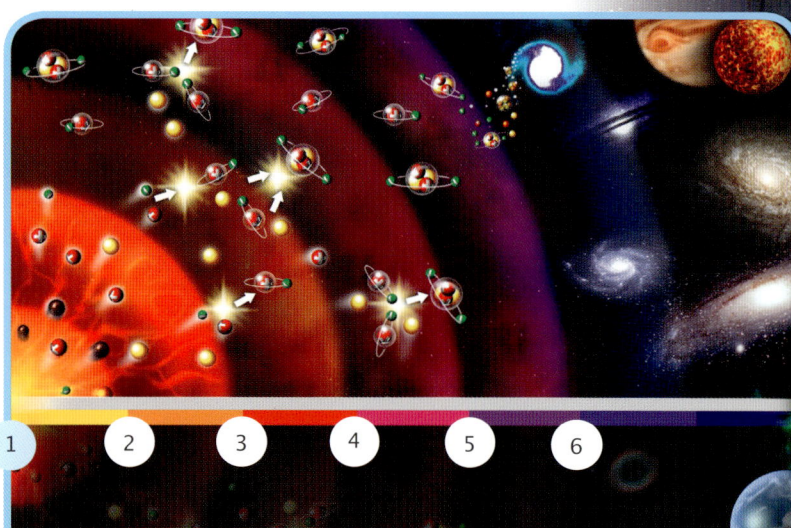

5. 약 38만 년 뒤, 최초의 '원자'가 형성되었어요.

6. 약 10억 년이 지나 '은하계'들이 만들어지기 시작했어요.

지구 알아보기

태양과의 평균 거리 : 약 1억 5,000만 킬로미터

공전 속도 : 시속 약 10만 7,000킬로미터

가장 가까운 행성 : 금성이 584일에 한 번씩 가장 가까워요. 이때 두 행성 사이의 거리가 약 4,200만 킬로미터예요.

표면적 : 약 5억 1,000만 제곱킬로미터

지구의 자연

알고 있나요? 46억 년에서 40억 년 전, 지표면은 지금과 같은 단단한 암석이 아니라 녹아 있었고 엄청나게 뜨거웠어요.

생명체의 진화

지구가 만들어지고 약 10억 년이 지나 바다에 하나의 세포로 된 미생물이 나타났어요. 최초의 생명체였지요. 약 9억 년 전부터는 보다 복잡한 다세포 생물로 진화했어요. 과학자들은 오늘날 지구에 미생물과 균류, 식물, 동물을 모두 포함해 많게는 약 1,000만 종의 생명체가 있을 거라고 추정해요.

바다사자와 무지개놀래기가 산호와 조류 사이를 헤엄치고 있어요. 지구의 다른 생명체들이 그렇듯 이들도 물과 태양 에너지가 있어야 살아갈 수 있어요.

태평양은 지구에서 가장 넓고 깊은 바다예요. 태평양의 넓이는 지구의 모든 땅을 합친 것보다도 넓어요.

북아메리카와 남아메리카는 중앙아메리카라는 길고 가느다란 땅으로 연결되어 있어요. 우주에서 보면 육지는 초록색과 갈색으로 보이지요.

지구에 존재하는 물의 양을 전부 더하면 약 13억 세제곱킬로미터도 넘어요. 이 가운데 구름을 이루는 물은 0.001퍼센트밖에 되지 않아요.

계절

지구가 태양 주위를 한 바퀴 도는 '공전'은 365일이 조금 넘게 걸려요. 이 기간이 바로 1년인데, 우리는 1년 동안 계절의 순환을 경험할 수 있어요. 계절은 지구의 남극과 북극을 따라 그은 가상의 선인 '자전축'이 기울어져 있기 때문에 생겨요. 지구가 태양 주위를 돌 때 태양을 향해 기울어진 지역이 더 많은 열을 받거든요.

사계절

사계절은 지구 대부분의 지역에서 나타나요. 지구가 태양 주위를 돌 때 지구를 가로로 반으로 나눈 '반구'가 태양을 향해 기울어져 있으면 여름이 되고, 태양과 멀어지면 겨울이 와요. 6월에 북반구는 태양열을 많이 받는 여름이지만, 남반구는 태양과 멀어져 있어 겨울이지요.

여름이 지나 추워지면 활엽수의 잎이 초록색 색소인 '엽록소'를 잃어요. 그래서 잎이 붉은색, 주황색, 노란색으로 물드는 거예요.

활엽수는 겨울이 오기 전에 잎을 전부 떨구어요. 추운 겨울에도 살아남을 정도로 강하지 못하거든요.

3월이면 북반구에는 겨울과 여름 사이의 계절인 봄이 찾아와요. 반면, 남반구는 가을이 되지요.

남반구의 9월은 봄이에요. 그즈음 북반구는 여름과 겨울 사이의 계절인 가을을 맞이하지요.

봄맞이 축제 알아보기

노루즈 : 서아시아와 중앙아시아 지역의 봄맞이 축제예요. 사람들은 집을 청소하고 새 옷을 사며 소풍을 떠나요.

태양 뱀이 돌아오는 날 : 춘분과 추분에 태양이 멕시코 치첸이트사에 세워진 피라미드 사원의 계단을 비추면 계단을 스르륵 내려가는 뱀 모양의 그림자가 생겨요. 뱀을 숭배한 마야족은 이날을 기념했지요.

완송끄란 : 매년 4월 13일부터 열리는 태국의 전통 축제예요. 태국 사람들은 이때 물싸움을 하며 봄을 맞이해요.

완송끄란

1년에 2번, 3월과 9월에 태양이 적도를 수직으로 비춰 낮과 밤의 길이가 같아져요. 북반구에서는 이때를 '춘분'과 '추분'이라고 해요.

계절이 2개뿐인 곳

적도 근처의 열대 지방은 쏟아지는 햇빛과 열기의 양이 1년 내내 비슷해요. 이런 지역에는 '건기'와 '우기'라는 2개의 계절만 있어요. 비가 자주 내리는 우기에는 기온이 약 25도, 건조한 날씨가 계속되는 건기에는 기온이 약 20도이지요..

남아시아 지역의 농부들은 우기가 시작될 즈음 모를 심어요. 몇몇은 여전히 물소의 힘을 빌려 논을 갈아요.

알고 있나요? 북반구의 추분은 9월 23일경이에요. 이때는 남반구의 춘분이기도 해요. 남반구의 추분이자 북반구의 춘분은 3월 21일 즈음이지요.

낮과 밤

지구는 태양 주위를 돌 뿐 아니라 뱅글뱅글 돌아가는 팽이처럼 한 축을 중심으로 스스로 돌고 있어요. 이를 '자전'이라고 해요. 지구는 약 24시간에 한 바퀴씩 자전하는데, 언제나 지구의 절반은 태양을 향해 있어 낮이 되고, 태양을 보지 못하는 나머지 절반은 밤이 돼요.

낮이 가장 길 때와 가장 짧을 때

북반구는 6월 21일경에 1년 가운데 낮이 가장 길어 햇빛을 가장 많이 받는 '하지'가 되고, 12월 21일경에는 낮이 가장 짧아 햇빛을 가장 적게 받는 '동지'가 돼요. 계절이 정반대인 남반구에서는 동지가 6월 21일경이고, 하지가 12월 21일경이에요.

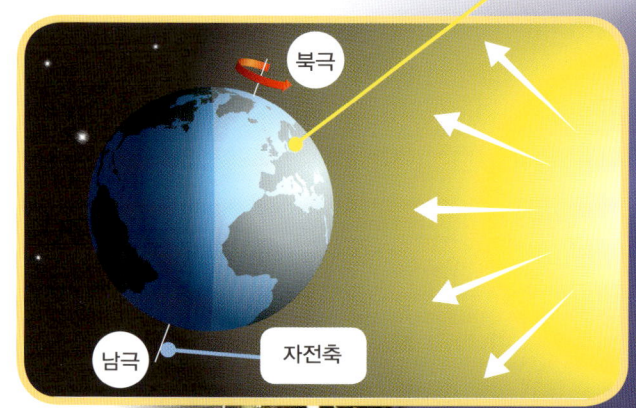

지구가 자전축을 중심으로 시계 반대 방향으로 돌기 때문에 낮과 밤이 생겨나요.

시간은 어떻게 정해질까?

시계가 없던 시절에 사람들은 하늘에 뜬 해를 보고 시간을 추측했어요. 태양이 하늘에 가장 높게 떠 있을 때를 정오라고 생각했지요. 오늘날에는 전 세계를 여러 시간대로 나눠서 시간을 정해 두었어요. 위아래로 길쭉한 시간대마다 각자의 '표준시'가 있지요.

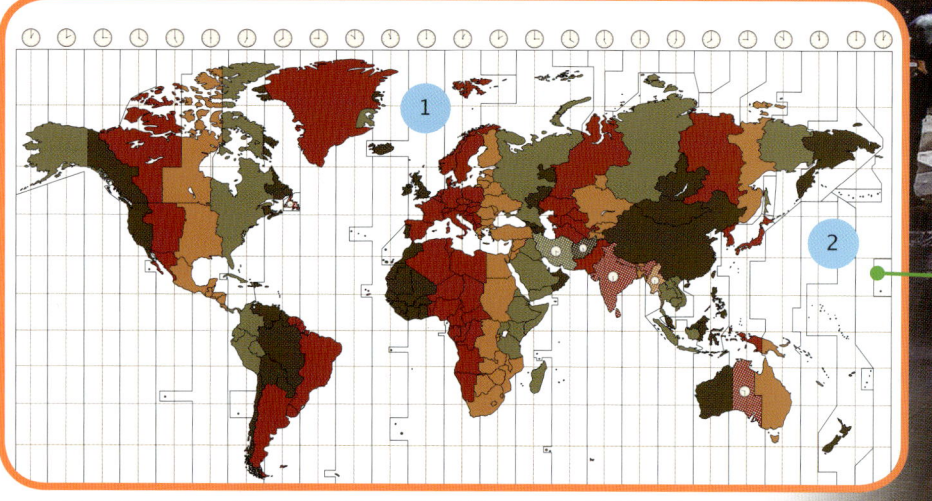

1. 표준시는 영국 예전 그리니치 천문대를 지나는 가상의 선인 '그리니치 자오선'과 비교해 얼마나 앞에 또는 뒤에 있는지에 따라 정해져요. 그리니치 자오선의 표준시를 기준으로 삼는 거예요.

2. '날짜 변경선'은 그리니치 자오선에서 지구 반 바퀴 떨어진 곳에 있어요. 이 변경선의 서쪽에서 동쪽으로 넘어가면 하루가 늦추어져요. 화요일이었다가 월요일이 되는 거예요.

알고 있나요? 공전에 걸리는 시간은 인간이 정해 둔 1년보다 조금 길어요. 이 시간 차이를 없애기 위해 대략 4년에 한 번, 2월에 하루를 더해 29일을 만드는데, 그 해가 '윤년'이에요.

낮과 밤 알아보기

지구의 자전 속도 : 약 시속 1,670킬로미터(적도 기준)

백야 : 북극과 남극에서는 하지 무렵이면 태양이 하루 종일 지지 않아요. 북극의 하지는 6월이고, 남극에서는 12월이에요.

극야 : 동지 무렵에는 정반대의 일이 벌어져요. 북극과 남극에서 태양이 하루 종일 뜨지 않는 거예요. 남극점과 북극점에 가까워질수록 극야가 나타나는 날이 많아져요.

노르웨이의 '백야'

도시의 밤하늘은 그렇게 어둡지 않아요. 도시 어디든 인공적인 불빛이 많기 때문이에요.

구름이 있는 곳을 빼면 하늘은 낮에 파란색을 띠어요. 태양에서 오는 빛이 대기권에 부딪혀 여러 파장으로 흩어지는데, 파란색 파장이 가장 잘 퍼지기 때문이지요.

우리가 지구 어디에 있든 태양은 항상 동쪽에서 뜨고 서쪽으로 지는 것처럼 보여요. 사실은 지구가 자전축을 중심으로 서쪽에서 동쪽으로 돌기 때문이에요.

영국 런던의 트래펄가 광장에서 볼 수 있는 낮과 밤의 모습을 합성한 사진이에요.

지구의 안쪽

지구는 평균 지름이 1만 2,742킬로미터이고, 양파처럼 여러 겹으로 이루어져 있어요. 암석으로 된 지구의 맨 바깥쪽은 '지각'이라고 하는 얇은 층이에요. 지각은 반쯤 녹아 있는 암석 층인 '맨틀' 위에 둥둥 떠 있어요. 맨틀 안쪽에는 지구에서 가장 뜨거운 '핵'이 2개의 층을 이루고 있지요.

지구의 대부분은 맨틀

맨틀은 지구 부피의 82퍼센트 이상을 차지해요. 지각과 가장 가까운 곳에 있는 맨틀의 온도는 섭씨 1,000도에 이르기도 하지요. 맨틀의 온도는 1킬로미터 들어갈 때마다 대략 25도씩 높아져요. 온도뿐 아니라 압력도 함께 높아지고요.

맨틀을 이루는 녹은 암석이 지각의 틈을 비집고 나와 만들어지는 지형이 '화산'이에요.

지구의 저 아래

과학자들은 지구 표면의 중력을 이용해 지구 전체의 질량을 계산했어요. 그리고 지구의 중심부인 핵의 밀도가 무척 높다는 사실을 발견했지요. 철은 흔한 원소 성분이지만, 지각에서 발견되는 양은 많지 않아요. 지구에 존재하는 철의 대부분이 아래로 가라앉아 밀도가 무척 높은 핵을 이룬 거예요.

지진이 일어나면 지진계에 '충격파'가 기록돼요. 지진의 충격파 가운데는 고체로만 전해지고 액체로는 전해지지 않는 파동이 있어요. 과학자들은 지진계의 기록을 통해 지구 핵의 일부는 고체가 아니라 액체라는 사실을 알아냈지요.

지구의 안쪽 알아보기

- **내핵** : 반지름 약 1,220킬로미터
- **외핵** : 두께 약 2,260킬로미터
- **맨틀** : 두께 약 2,900킬로미터
- **지각** : 두께 약 30~60킬로미터
- **인간이 만든 가장 깊은 구멍** : 1만 2,262미터

러시아의 '콜라 초심층 시추공' 위에 세워진 탑이에요. 이 시추공의 깊이는 1만 2,262미터에 달해요.

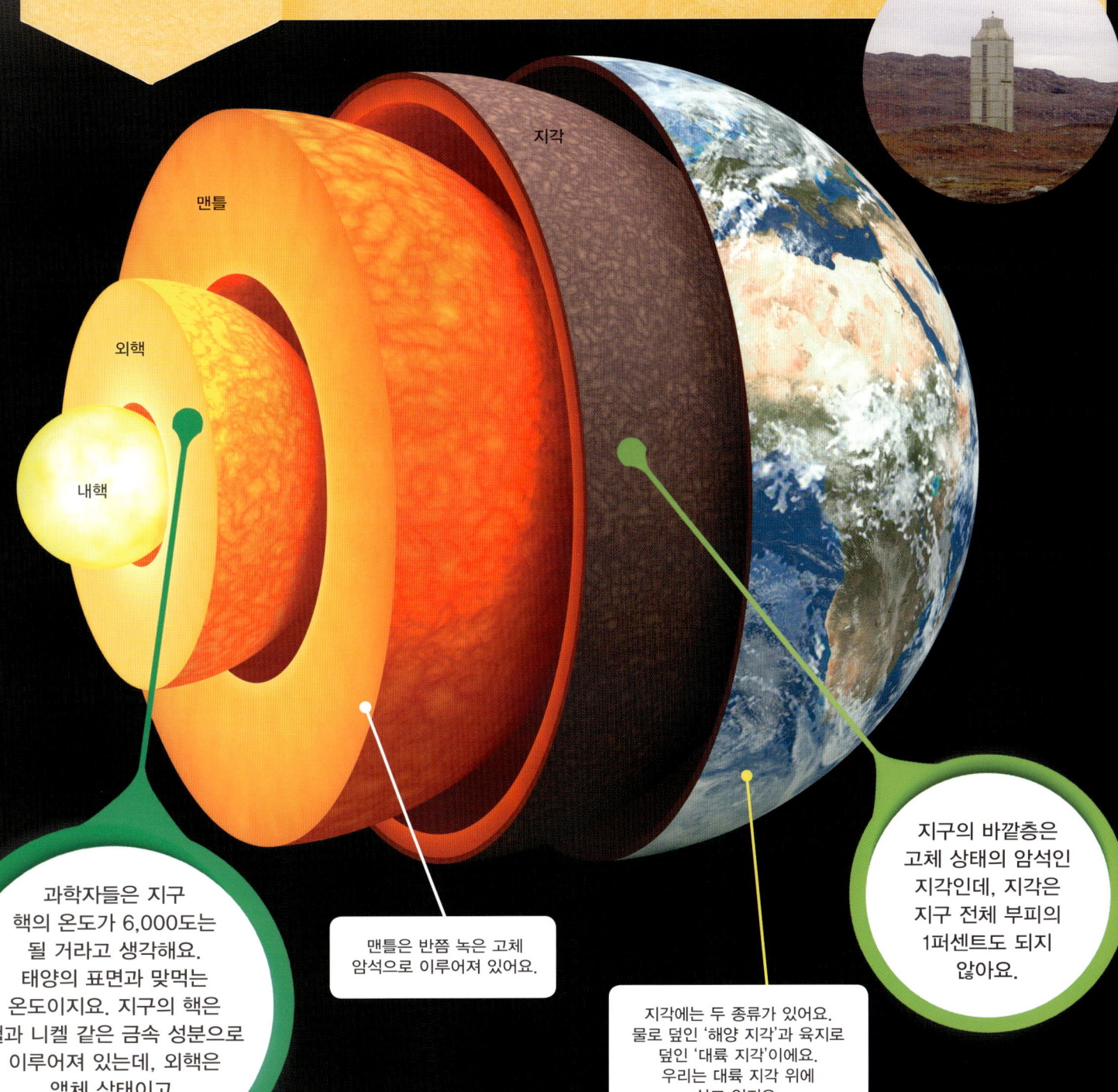

과학자들은 지구 핵의 온도가 6,000도는 될 거라고 생각해요. 태양의 표면과 맞먹는 온도이지요. 지구의 핵은 철과 니켈 같은 금속 성분으로 이루어져 있는데, 외핵은 액체 상태이고, 내핵은 고체예요.

맨틀은 반쯤 녹은 고체 암석으로 이루어져 있어요.

지각에는 두 종류가 있어요. 물로 덮인 '해양 지각'과 육지로 덮인 '대륙 지각'이에요. 우리는 대륙 지각 위에 살고 있지요.

지구의 바깥층은 고체 상태의 암석인 지각인데, 지각은 지구 전체 부피의 1퍼센트도 되지 않아요.

알고 있나요? 지구의 질량은 약 5.9722×10^{24}킬로그램이에요. 59722 뒤에 0이 20개나 붙은 숫자예요.

지구 자기장

'전자기력'은 우주의 모든 것들이 움직이는 방식에 영향을 끼치는 기본적인 힘 가운데 하나예요. 지구는 '지구 자기장'이라는 지구만의 전자기장에 둘러싸여 있어요. 지구가 하나의 커다란 자석인 셈이에요. 지구 자기장은 거대한 거품처럼 지구를 감싸 태양에서 발생하는 '태양풍'과 우주에서 오는 해로운 복사선을 막아 줘요.

지구 자기장의 모양

태양을 마주하는 쪽의 지구 자기장은 태양을 향해 약 6만 5,000킬로미터까지 뻗어 나가는데, 이때 태양풍에 부딪혀 활처럼 휘어져요. 반대쪽의 자기장은 마치 혜성의 꼬리처럼 약 60만 킬로미터나 늘어져 있지요.

지구의 외핵을 이루는 액체 상태의 철이 빙글빙글 순환하면서 전기의 흐름이 생겨요. 이 전류가 지구의 자기장을 만들어 내요.

북극과 남극

지구에는 자기력을 지닌 북극과 남극이 있어요. 이곳은 지구의 자전축 근처에 자리하고 있지만 완전히 고정되어 있지는 않아요. 하지만 나침반을 보면 나침반이 가리키는 남쪽과 북쪽이 남극과 북극이라는 걸 알 수 있지요. 지구 자기장은 수십만 년마다 뒤집혀 북극과 남극의 방향이 뒤바뀌어요.

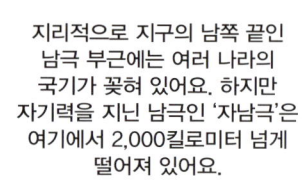

지리적으로 지구의 남쪽 끝인 남극 부근에는 여러 나라의 국기가 꽂혀 있어요. 하지만 자기력을 지닌 남극인 '자남극'은 여기에서 2,000킬로미터 넘게 떨어져 있어요.

알고 있나요? 자남극의 위치는 매년 5~15킬로미터씩 이동해요! 그래서 자남극의 정확한 위치는 매년 다시 계산해야 알 수 있지요.

오로라 알아보기

태양 입자가 지구에 도달하는 데 걸리는 시간 : 1~3일

오로라에 영향을 끼치는 태양 흑점의 주기 : 약 11년

관찰 시기 : 북극광은 8월 말에서 4월 사이, 남극광은 3월에서 9월 사이

오로라가 나타나는 다른 행성 : 금성, 화성, 목성, 토성, 천왕성, 해왕성

태양 폭발

극지방의 자기장은 태양 입자들을 끌어당기는 힘이 있어요.
이 입자들이 지구 자기장을 지나면서 하늘에 '오로라'라는 놀라운 빛의 쇼가 펼쳐져요.

태양에서 온 입자들이 산소 원자와 부딪히면 초록색으로 빛나요. 오로라는 이외에도 다양한 색을 띠지요.

북극에서 관찰되는 오로라를 '북극광'이라고 하고, 남극의 오로라는 '남극광'이라고 해요.

17

지형

우리가 발을 디디고 살아가는 단단한 암석 층의 모습은 항상 달라지고 있어요. 산사태나 화산 폭발, 운석 충돌 같은 자연 재해는 풍경을 순식간에 바꾸어 버려요. 반면 햇빛, 바람, 물 같은 자연 활동이 암석을 깎거나 분해하는 풍화와 침식은 수백 년이 걸리지요.

물과 얼음, 바람

바위 틈새에 스며든 빗물이 얼어붙어 팽창하면 바위 틈새가 벌어지고, 결국 바위는 부서져요. 빗물과 바닷물이 암석을 조금씩 녹이기도 해요. 강물이나 빙하가 깊은 계곡을 깎아 내기도 하고, 파도가 바닷가 절벽을 허물기도 하지요. 작은 물질들을 실어 나르는 거센 바람이 바위의 모양을 다듬고, 그 물질들이 쌓여 새로운 땅덩어리가 되기도 해요.

빙하는 천천히 흐르는 '얼음 강'과 같아요. 빙하가 움직이며 주변 암석을 깎아 내 가파른 계곡을 만들어 내지요.

섬의 형성

섬은 6가지 방식으로 만들어져요.

대륙도
대륙의 일부가 떨어져 나가거나 대륙 주변의 완만한 바닷속 지형인 '대륙붕'이 솟아오르면 대륙도가 돼요. 그린란드처럼요.

사주 섬
파도에 실려 온 모래가 쌓이면서 섬이 되기도 해요. 독일의 질트섬은 빙하의 잔해가 모여 만들어진 섬이에요.

인공 섬
두바이 해안가에 만들어진 팜주메이라섬은 자연적으로 생긴 섬이 아니라 인공 섬이에요. 마치 야자수처럼 생겼지요!

조수 섬
밀물 때면 육지로 이어지는 길이 완전히 물에 잠겨 바다에 둘러싸이는 섬도 있어요. 한때 프랑스의 몽생미셸섬이 그랬지요.

대양도
플로레아나섬은 갈라파고스 제도에 있는 섬이에요. 바다 밑에서 화산이 폭발하면서 만들어졌어요.

산호섬
'산호'라는 조그만 바다 생물이 죽으면서 남긴 단단한 화석으로 만들어지는 섬이에요. 산호섬은 태평양에 특히 많아요.

알고 있나요? 운석이 떨어져 칙술루브 운석 구덩이가 만들어질 때 엄청난 먼지가 일어 햇빛이 다 가려졌어요. 그 결과 지구의 기후가 바뀌고 날지 못하는 공룡은 멸종했지요.

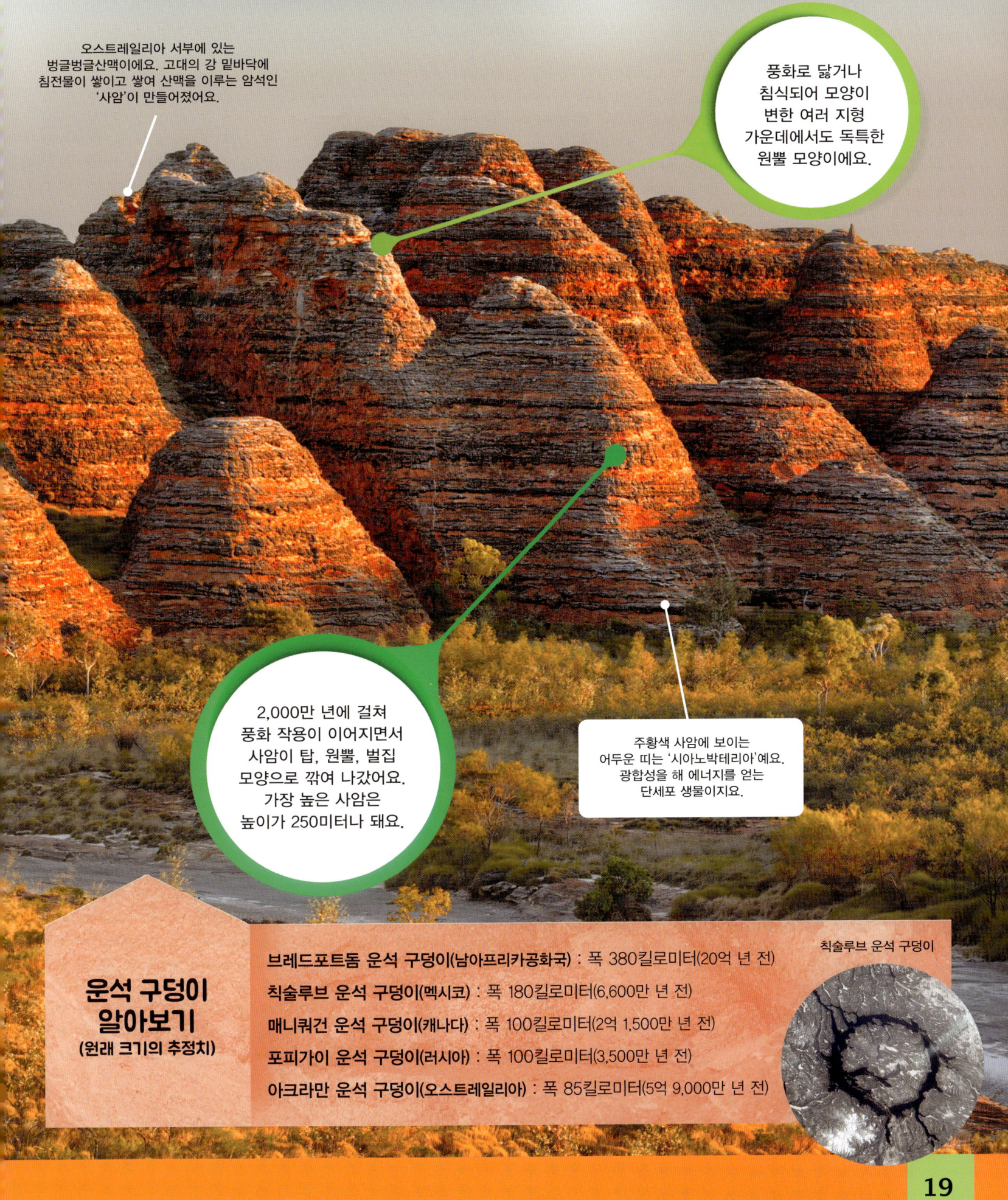

오스트레일리아 서부에 있는 벙글벙글산맥이에요. 고대의 강 밑바닥에 침전물이 쌓이고 쌓여 산맥을 이루는 암석인 '사암'이 만들어졌어요.

풍화로 닳거나 침식되어 모양이 변한 여러 지형 가운데에서도 독특한 원뿔 모양이에요.

2,000만 년에 걸쳐 풍화 작용이 이어지면서 사암이 탑, 원뿔, 벌집 모양으로 깎여 나갔어요. 가장 높은 사암은 높이가 250미터나 돼요.

주황색 사암에 보이는 어두운 띠는 '시아노박테리아'예요. 광합성을 해 에너지를 얻는 단세포 생물이지요.

운석 구덩이 알아보기
(원래 크기의 추정치)

브레드포트돔 운석 구덩이(남아프리카공화국) : 폭 380킬로미터(20억 년 전)
칙술루브 운석 구덩이(멕시코) : 폭 180킬로미터(6,600만 년 전)
매니쿼건 운석 구덩이(캐나다) : 폭 100킬로미터(2억 1,500만 년 전)
포피가이 운석 구덩이(러시아) : 폭 100킬로미터(3,500만 년 전)
아크라만 운석 구덩이(오스트레일리아) : 폭 85킬로미터(5억 9,000만 년 전)

칙술루브 운석 구덩이

산맥

산은 주변의 편평한 곳보다 훨씬 높은 지형을 말해요. 경사는 가파를 수도 있고 완만할 수도 있지요. 산은 홀로 솟아 있기도 하지만 여러 산이 이어지는 산맥의 일부이기도 해요. 전 세계에서 가장 높고 멋진 산맥들은 여러 개로 나뉜 지각의 '판'들이 만나는 경계를 따라 자리해요. 지각의 판에 대해서는 28쪽에 나와 있어요.

습곡과 단층

2개의 판이 움직이면서 부딪히거나 하나의 판이 다른 판 아래로 밀고 들어가면 지각의 암석 층이 휘어질 수 있어요. 그렇게 되면 암석 층이 롤러코스터 레일의 모양처럼 접히면서 '습곡 산맥'이 만들어져요. 히말라야산맥은 지금으로부터 5,000만 년에서 4,000만 년 전 인도-오스트레일리아판과 유라시아판이 충돌하면서 생겨났어요. 남아메리카의 안데스산맥도 습곡 산맥이지요. 암석 층이 부딪혀 구부러지는 대신 서로 어긋나면서 끊어지기도 해요. 그때 하나의 암석 층이 다른 암석 층 위로 솟아오르면 '단층 산지'가 돼요.

약 7,000킬로미터 정도 이어지는 남아메리카의 안데스산맥은 육지에 솟아 있는 산맥 가운데 가장 긴 산맥이자 비교적 최근에 만들어진 어린 산맥이에요.

미국의 시에라네바다산맥은 태평양판이 북아메리카판 아래로 내려가면서 만들어졌어요. 내려가는 판에 밀려 솟아오른 단층 산지가 기우뚱 기울어졌지요.

안데스산맥은 4,500만 년 전에 나스카판이 남아메리카판 아래로 밀려 내려가면서 형성되었어요. 그 과정에서 남아메리카판의 암석 층이 구불구불 접혀 습곡 산맥이 되었지요.

낙타과의 포유류인 과나코는 안데스산맥에 살아요. 몸 구석구석으로 산소를 실어 나르는 적혈구가 많아서 산소가 희박한 곳에서도 살아갈 수 있어요.

산맥의 나이

봉우리가 가파르고 뾰족뾰족한 산은 비교적 어린 산맥이에요! 이런 산은 히말라야산맥이나 안데스산맥이 그렇듯이 지금도 계속 높아지고 있어요. 반면에 나이가 많은 산은 시간이 지나면서 경사면이 서서히 깎여 나가 완만한 편이에요.

북아메리카의 애팔래치아산맥은 전 세계에서 가장 오래된 산맥 가운데 하나예요. 공룡이 살던 시대보다 더 오래전인 약 5억 년에서 3억 년 전 사이에 만들어졌어요.

각 대륙의 최고봉 알아보기

에베레스트산(아시아) : 8,848미터
아콩카과산(남아메리카) : 6,959미터
디날리산(북아메리카) : 6,190미터
킬리만자로산(아프리카) : 5,895미터
엘브루스산(유럽) : 5,642미터
빈슨산(남극 대륙) : 4,892미터
푼착자야산(오세아니아) : 4,884미터

킬리만자로산

알고 있나요? 엘브루스산은 유럽과 아시아의 경계에 자리해요. 그래서 어떤 사람들은 유럽에서 가장 높은 산은 알프스산맥의 몽블랑산(4,807미터)이라고 말하지요.

대기권

지구는 '대기권'이라는 여러 층의 기체에 둘러싸여 있어요. 대기가 없으면 지구에 생명체가 존재하지 못해요. 대기에는 생명체에게 꼭 필요한 산소가 있거든요. 또 대기는 태양열이 빠져나가지 못하게 가두고, 위험한 복사선을 막아 줘요.

대기의 여러 층

대기권은 온도에 따라 4개의 층과 외기권으로 나누어져요. 우리는 대기권에서도 가장 아래인 '대류권'에서 살아가요. 대류권의 기체는 78퍼센트의 질소와 21퍼센트의 산소로 이루어져 있지요.

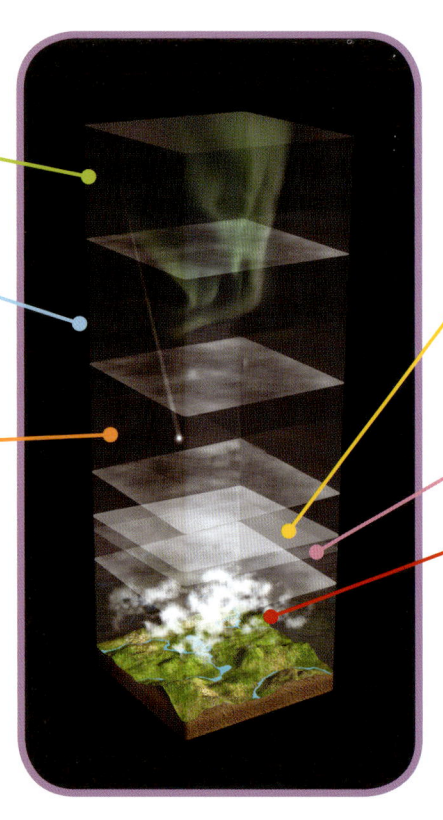

외기권
높이 : 500~1만 킬로미터
특징 : 인공위성과 우주선

열권
높이 : 80~1,000킬로미터 정도
기온 : 올라갈수록 상승해서 영하 90도에서 최대 1,700도
특징 : 오로라

중간권
높이 : 성층권 계면~80킬로미터
기온 : 올라갈수록 하강해서 0도에서 영하 90도 정도
특징 : 유성우

성층권
높이 : 대류권 계면~50킬로미터 정도
기온 : 올라갈수록 상승해서 대류권 계면에서 영하 50도, 성층권 계면에서 0도 정도
특징 : 오존층, 비행기 항로

오존층
높이 : 25킬로미터 정도

대류권
높이 : 지상~12킬로미터 정도
기온 : 지표면 20도 정도, 1킬로미터 올라갈 때마다 평균 6.5도씩 하강
특징 : 날씨

> 스웨덴의 '에스레인지 우주 센터'에서는 성층권으로 '성층권 풍선'을 발사해요. 풍선은 높이 40킬로미터까지 올라가 2주 이상 떠다닐 수 있어요.

대기층이 맞닿는 계면 알아보기

외기권 계면 : 외기권과 그 바깥 우주 사이, 높이 1만 킬로미터 정도
열권 계면 : 열권과 외기권 사이, 높이 1,000킬로미터 정도
중간권 계면 : 중간권과 열권 사이, 높이 80킬로미터 정도
성층권 계면 : 성층권과 중간권 사이, 높이 50킬로미터 정도
대류권 계면 : 대류권과 성층권 사이, 높이 12킬로미터 정도

지구 대기권

오존층

'오존'은 3개의 산소 원자로 구성된 기체예요. 산소 원자 2개로 만들어지는 보통의 산소보다 원자 하나가 더 많지요. '오존층'은 지상에서 높이 25킬로미터 즈음 되는 곳인 성층권 안에 있어요. 태양에서 발생하는 해로운 자외선을 흡수하기 때문에 무척 중요한 대기층이에요.

1979 2012

환경 오염으로 오존층에 구멍이 뚫린 사실을 보여 주는 위성 사진이에요. 오존층의 오존 농도가 높은 곳은 초록색, 노란색, 빨간색으로, 낮은 곳은 파란색과 보라색으로 보여요.

에스레인지 우주 센터에서는 지금까지 500개가 넘는 성층권 풍선을 쏘아 올렸어요.

풍선에는 성층권의 오존 농도를 측정하는 장비가 달려 있어요.

알고 있나요? 열권에서부터 뻗어 있는 '전리층'은 우리가 쏘아 올리는 전파를 반사해 돌려 보내기 때문에 무선 통신에서 무척 중요한 역할을 해요.

자원

철에서부터 석유, 실리콘, 동물, 식물, 물, 바람에 이르기까지 사람들이 사용할 수 있는 모든 게 '자원'이에요. 어떤 자원은 자연에 존재해요. 나무나 석유처럼요. 하지만 나무로 종이를, 동물로 가죽을, 석유로 플라스틱을 만드는 것처럼 자원으로 다른 자원을 만들어 내기도 해요.

재생 가능한 자원

산소, 물, 태양열, 바람을 이용한 에너지는 계속 만들어 낼 수 있는 자원이에요. 지구가 존재하는 한 사라지지 않지요. 종이나 가죽도 재생 가능한 자원이에요. 재활용해 쓸 수도 있고, 나무나 동물을 다시 기를 수도 있지요. 반면 재생 불가능한 자원은 한 번 쓰고 나면 완전히 사라지거나 다시 만들어지는 데 무척 오랜 시간이 걸려요. 석탄과 석유, 천연가스는 다시 만들어지려면 수백만 년에서 수억 년이 걸리지요.

전나무와 소나무 같은 침엽수를 가공한 '무른 목재'는 비교적 재생 가능한 자원이에요. 40년이면 다시 자라거든요. 하지만 '단단한 목재'인 떡갈나무, 너도밤나무, 물푸레나무 같은 활엽수는 다시 자라는 데 100년도 더 걸려요.

자원 고갈 알아보기

석탄 : 2128년경 고갈 예상

천연가스 : 2070년경 고갈 예상

석유 : 2068년경 고갈 예상

헬륨 : 고갈되지는 않지만 얻기 힘들어질 수 있어요. 헬륨은 방사선 원소가 붕괴될 때 방출되는데, 이 과정이 수십억 년은 걸리기 때문이에요.

석유 굴착기

24 　**알고 있나요?** 선사 시대 사람들도 자원을 재활용했어요! 제대로 된 기계도 없이 땅속에서 금속을 캐내는 건 무척 힘들기 때문에 오래된 금이나 은, 철을 녹여서 다시 사용했지요.

수력 발전소는 흐르는 물을 이용해 친환경 에너지를 생산해요. 하지만 수력 발전소를 짓는 과정에서 동식물의 서식지가 파괴되기도 하고, 주민들이 집을 잃고 쫓겨나기도 해요.

오스트레일리아 남부의 태즈메이니아에 있는 고든 호수는 고든강에 댐이 지어지면서 인공적으로 만들어졌어요.

플라스틱과 비닐

플라스틱과 비닐은 석유, 천연가스, 석탄 같은 재생 불가능한 천연자원으로 만들어져요. 대부분의 플라스틱은 재활용이 가능하지만, 실제로는 매년 생산되는 약 4억 톤의 플라스틱 가운데 고작 7퍼센트만 재활용되고, 나머지는 땅에 묻히거나 바다에 버려져요. 몇몇 기업들은 버려지는 플라스틱을 줄이기 위해 상품의 포장재를 '생분해 플라스틱'으로 바꾸고 있어요. 생분해 플라스틱은 식물로 만들어져 땅에 묻혔을 때 쉽게 분해되는 새로운 소재예요.

매년 1,400만 톤 이상의 플라스틱이 바다에 버려져요. 환경 운동가들은 플라스틱 쓰레기를 줄이자고 외치고 있어요.

이 호수 밑에 위치한 발전소는 4억 5,000만 와트의 전기를 생산할 수 있어요.

물이 곡선 형태로 지어진 140미터 높이의 콘크리트 벽을 넘어 수직으로 떨어져 흐르면 그 힘이 지하에 있는 터빈을 돌려 에너지를 만들어 내요.

25

지구의 생명체

지금까지 밝혀진 바에 따르면 지구는 태양계에서 생명체가 존재하는 유일한 행성이에요. 놀랍게도 현재 지구에 살고 있는 종과 멸종한 종들은 모두 단 하나의 동일한 생명체에서 진화해 왔지요. 바로 36억 년 전에 바다에 살던 미생물이에요.

생명체란?

미생물이든 균류든, 동물이든 식물이든, 살아 있는 모든 유기체에는 공통된 특징이 있어요. 모두 하나 이상의 세포를 가지고 있다는 거예요. 그래서 외부에서 에너지를 얻어 번식하고 성장하며, 주변 환경에 적응하거나 대응하며 살아갈 수 있지요.

1개의 세포로 이루어진 '단세포 생물'인 아메바는 자기 몸을 둘로 쪼개는 방법으로 번식해요. 하지만 많은 세포들이 하나의 개체를 이루는 '다세포 생물'은 번식이 보다 복잡해요. 사진 속 호랑꼬리여우원숭이처럼 새끼를 낳아 번식하려면 우선 1쌍의 부모가 있어야 해요. 게다가 새끼를 다 기르는 데는 2년이나 걸리지요.

태양과 생명체

지구의 거의 모든 생명체가 태양에 의존해서 살아가요. 식물과 물속 조류는 물론 세균과 최초의 미생물도 광합성을 통해 햇빛에서 에너지를 얻어요. 초식 동물은 식물을 먹어서 이 에너지를 간접적으로 섭취해요. 초식 동물을 잡아먹는 육식 동물에게 다시 한번 에너지가 전해지지요.

이 사진은 실제 크기보다 확대되었어요. 할리퀸독개구리의 몸길이는 약 3센티미터밖에 되지 않거든요!

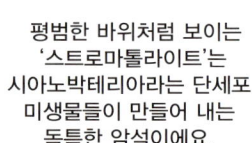

평범한 바위처럼 보이는 '스트로마톨라이트'는 시아노박테리아라는 단세포 미생물들이 만들어 내는 독특한 암석이에요.

지구에 사는 동식물 종의 절반 이상이 적도 부근의 열대 기후 지역에 발달하는 숲인 '열대 우림'에서 살아가요. 이 할리퀸독개구리는 남아메리카 콜롬비아의 숲에 살지요.

다른 동식물이 그렇듯이 개구리도 스스로를 보호하는 데 유리하게 진화했어요. 강렬한 무늬를 통해 자신이 독 개구리라고 포식자들에게 경고하고 있지요.

대멸종 알아보기

오르도비스기 대멸종 : 약 4억 4,500만 년 전, 해양 생물종의 85퍼센트 멸종

데본기 대멸종 : 약 3억 7,000만 년 전, 생물종의 75퍼센트 멸종

페름기 대멸종 : 약 2억 5,200만 년 전, 삼엽충을 포함해 해양 생물종의 96퍼센트 멸종, 육지 생물종의 75퍼센트 멸종

트라이아스기 대멸종 : 약 2억 100만 년 전, 최대 80퍼센트의 생물종 멸종

백악기 대멸종 : 약 6,600만 년 전, 생물종의 75퍼센트 멸종

삼엽충 화석

알고 있나요? 식물은 약 4억 7,000만 년 전에 육지에 등장했고, 동물은 약 3억 9,000만 년 전부터 육지에서 진화해 왔어요.

27

제2장 화산과 지진

판 구조론

지구의 지각은 7개의 큰 판과 10여 개의 작은 판으로 쪼개진 채 맞붙어 있어요. 이 판들은 반쯤 녹은 고체 암석 층인 맨틀 위에서 아주 천천히 움직이고 있지요. 지구의 기나긴 역사 내내 이런 판의 움직임으로 대륙이 만들어지거나 분리되어 왔고, 화산과 산맥 같은 지형이 만들어졌어요.

거대한 퍼즐

지각의 주요 판들은 완성된 퍼즐처럼 딱 맞춰져 있어요. 2개의 판이 만나는 경계는 판들이 서로 모이는 '수렴 경계', 서로 멀어지는 '발산 경계', 스치고 지나가는 '보존 경계'로 나뉘어지지요. 어떤 경계든 지진이나 화산 폭발이 흔하게 일어나요.

주요 판
1. 태평양판
2. 북아메리카판
3. 유라시아판
4. 아프리카판
5. 남극판
6. 인도-오스트레일리아판
   (인도판과 오스트레일리아판으로 분리)
7. 남아메리카판

판의 경계

수렴 경계
유라시아판과 오스트레일리아판은 두 판이 충돌하는 수렴 경계를 이루고 있어요. 그 결과, 인도네시아 자바섬 동쪽에 화산들이 솟아올랐지요.

발산 경계
유라시아판과 북아메리카판은 서로 반대 방향으로 움직여 멀어져요. 두 판이 멀어지면서 아이슬란드에 사진과 같은 균열이 생겨났어요.

보존 경계
미국 캘리포니아의 샌앤드레이어스 단층은 보존 경계를 따라 자리 잡고 있어요. 북아메리카판과 태평양판이 서로 미끄러지듯 스쳐 지나가는 곳이지요.

알고 있나요? 판은 1년에 최대 10센티미터 정도씩 움직여요. 하지만 대개는 그보다 훨씬 느리게 움직이지요.

7개의 판 알아보기

태평양판 : 1억 330만 제곱킬로미터
북아메리카판 : 7,590만 제곱킬로미터
유라시아판 : 6,780만 제곱킬로미터
아프리카판 : 6,130만 제곱킬로미터
남극판 : 6,090만 제곱킬로미터
인도-오스트레일리아판 : 5,890만 제곱킬로미터
남아메리카판 : 4,360만 제곱킬로미터

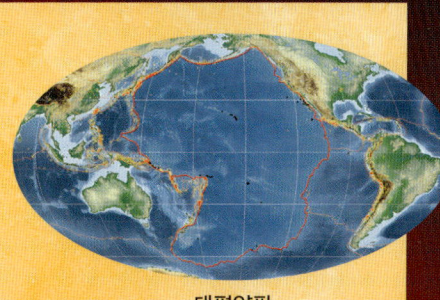

태평양판

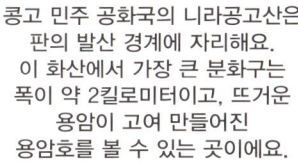

콩고 민주 공화국의 니라공고산은 판의 발산 경계에 자리해요. 이 화산에서 가장 큰 분화구는 폭이 약 2킬로미터이고, 뜨거운 용암이 고여 만들어진 용암호를 볼 수 있는 곳이에요.

니라공고산은 아프리카판이 소말리아판에서 떨어져 나가는 발산 경계에 자리해요. 2개의 판이 멀어지는 자리에서 마그마가 솟아오르지요.

니라공고산의 분화구에 있는 거대하고 깊은 용암호가 소용돌이치고 있어요.

29

화산

화산은 지각 아래에 녹아 있는 암석인 '마그마'가 땅속에서 지표면으로 솟아오르는 곳이에요. 이렇게 분출된 마그마를 '용암'이라고 하지요. 용암과 재는 시간이 지나 식어 굳으면서 화산 주변에 점차 쌓여 가요.

화산은 어디에 있을까?

화산은 주로 판의 경계에서 만들어져요. 2개의 판이 멀어지는 발산 경계에서는 마그마가 지각의 틈새를 따라 흘러나와요. 반면 판이 모이는 수렴 경계에서는 암석 층이 부딪히면서 균열이 일어나는데, 그 사이로 마그마가 빠져나오지요. 어떤 화산은 판의 한가운데에서 만들어지기도 해요. 마그마가 기둥 모양으로 올라오는 '열점' 위에 화산이 생기는 거예요.

분화하는 화산의 내부 구조예요.

화산의 구조
1. 마그마굄
2. 화산관
3. 화산재 층
4. 화산 쇄설물과 화산 가스, 재
5. 용암류
6. 암맥
7. 화산재 구름에서 내리는 산성비
8. 화산재 구름
9. 화산탄
10. 화구
11. 분기공
12. 경사면

화산의 모양

화산의 형태는 마그마가 분출되는 방식과 흘러나오는 용암의 유형에 따라 달라져요.

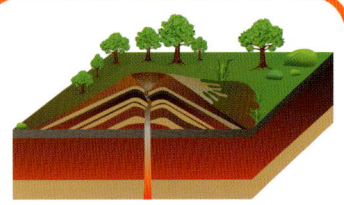

분석구
큰 용암 방울들이 공중으로 뿜어져 작게 쪼개진 뒤 재가 되어 내려요. 그 재가 분기공 주변에 쌓여 낮은 원뿔 모양을 이루지요.

성층 화산
점성이 높아 끈적이고 걸쭉한 용암이 재, 암석과 함께 분출되면 경사가 가파르고 끝이 뾰족한 원뿔형 화산이 만들어져요.

순상 화산
묽어서 잘 흐르는 용암이 화산에서 조용하게 흘러내려 멀리 퍼지면 낮고 편평한 둔덕 모양의 화산이 돼요.

열극 분화 화산
길쭉한 틈새에서 용암이 스며 나오거나, 때로는 폭발해 만들어지는 화산이에요. 용암이 굳으며 낮고 편평한 화산암 층이 생겨요.

지금 분화하고 있거나 수세기 내에 분화한 적이 있는 화산을 '활화산'이라고 해요.

지구에는 1,350개 정도의 활화산이 있어요. 그 가운데 70여 개가 인도네시아에 있지요. 인도네시아 자바섬 중심부의 슬라뭇산은 활동 중인 성층 화산이에요.

슬라뭇산은 지금 분화하고 있지는 않지만 여전히 분기공으로 수증기를 내뿜고 있어요. 이산화탄소와 염소 같은 화산 가스도 내보내고 있지요.

라키 화구열

최악의 열극 분화 알아보기

1783~1784년, 아이슬란드의 '라키 화구열'에서 7개월이나 분화가 이어졌어요.
12세제곱킬로미터도 넘는 현무암 용암이 분출되었어요.
565제곱킬로미터의 땅이 용암에 뒤덮였어요.
대부분의 소와 양이 화산 분화로 오염된 풀을 먹고 죽었어요.
20퍼센트에 이르는 아이슬란드 사람들이 화산 분화와 그로 인한 굶주림으로 죽었어요.

알고 있나요? 활화산은 아니지만 언젠가 분화할지도 모르는 화산을 '휴화산'이라고 해요. 분화할 가능성이 없는 화산은 '사화산'이라고 하지요.

화산 폭발!

여러분이 이 책을 읽는 지금 이 순간에도 지구 어딘가에서는 화산이 폭발하고 있을 거예요. 화산이 분화하기 전, 뜨거운 마그마가 맨틀에서부터 밀려 올라와 화산 아래에 고여요. 그렇게 압력이 점점 높아지다가 마침내 화산이 폭발하지요!

화산이 분화하면 용암뿐 아니라 재와 먼지, 암석이 터져 나와요. 이렇게 터져 나와 공기 중에서 굳어 버린 용암 덩어리가 '화산탄'이에요. 크기는 6.4센티미터 이상인데, 때로 6미터에 이르기도 해요.

화산 분화의 세기

갑자기 많은 양의 용암이 화산에서 터져 나와 폭발하기도 하지만 용암이 비처럼 흩날리거나 조용히 흐르기도 해요. 화산 분화는 몇 시간에서 며칠, 몇 주, 몇 년 동안 이어지기도 하지요. 화산의 분화가 얼마나 강력한지는 '화산 폭발 지수(VEI)'로 나타내는데, 0부터 8까지의 숫자로 표시해요. 숫자가 한 단계 높아질 때마다 10배 더 강력한 분화를 의미해요.

화산의 분화 유형

화산의 분화 유형은 대개 그 유형의 화산이 처음 관찰된 장소의 이름을 따서 정해졌어요. 고대 로마 시대의 작가인 플리니우스의 이름을 딴 '플리니식 분화'를 빼면 말이에요. 플리니우스는 기원후 79년에 이탈리아 남부의 고대 도시인 폼페이를 삼켜 버린 베수비오산의 분화를 기록으로 남긴 작가예요.

스트롬볼리식 분화
규칙적으로 작은 폭발이 이어지고 가끔씩 큰 분화가 일어나요. 그때 점성이 높은 용암이 포물선을 그리며 뿜어져요.

하와이식 분화
가장 조용한 분화 방식이에요. 점성이 낮아 잘 흐르는 현무암질의 용암이 화산의 경사면을 따라 흘러내려요.

플리니식 분화
강력한 폭발이 일어나 용암과 재, 암석이 수직으로 치솟은 뒤, 화산 쇄설물이 되어 화산 경사면을 따라 요란하게 떨어져 내려요.

에콰도르의 퉁구라우아산은 안데스산맥 자락에 자리하고 있어요. 1999년에 화산 활동이 다시 시작되기 전까지는 산봉우리가 눈으로 뒤덮인 평범한 산처럼 보였지요.

펄펄 끓는 뜨거운 용암이 화산의 경사면을 따라 흐르고 있어요. 용암의 온도는 최고 1,200도까지 올라가요.

스트롬볼리식 분화예요. 2,000년 넘게 분화 중인 이탈리아의 스트롬볼리 화산섬에서 이름을 따왔어요.

최대 화산 폭발 알아보기
(지난 4,000년 동안의 기록)

1. 탐보라산(인도네시아) : 1815년, 화산 폭발 지수 7
2. 백두산(중국/북한) : 946년, 화산 폭발 지수 7
3. 산토리니섬(그리스) : 기원전 1610년, 화산 폭발 지수 7
4. 일로팡고산(엘살바도르) : 450년, 화산 폭발 지수 6+
5. 암브림섬(바누아투) : 50년, 화산 폭발 지수 6+
6. 피나투보산(필리핀) : 1991년, 화산 폭발 지수 6
7. 노바럽타산(미국) : 1912년, 화산 폭발 지수 6

백두산 정상

알고 있나요? 미국의 옐로스톤 국립 공원은 거대한 화산이에요. 화산 폭발 지수 8의 화산 분화가 여러 번 있었거든요. 약 210만 년 전, 130만 년 전 그리고 64만 년 전의 일이지요.

불의 강

마그마는 녹아 있는 뜨거운 암석이에요. 마그마가 용암으로 분화하는 모습은 암석의 종류와 이산화규소의 함량에 따라 달라지지요. 이산화규소는 모래를 이루는 성분이에요.

용암의 종류

이산화규소 성분이 많지 않은 '현무암질 용암'은 액체처럼 흘러내려요. 반면에 화강암으로 만들어져 이산화규소가 많은 '유문암질 용암'은 점성이 높아서 잘 흐르지 않고 끈적거려요. '안산암질 용암'은 두 용암 사이의 특징을 띠지요. 용암은 점성과 온도에 따라 흐르는 속도도 달라져요.

현무암질 용암인 '파호이호이 용암'이에요. 맨 위의 용암이 식어서 얇은 막으로 굳을 즈음 그 아래쪽 용암이 표면의 막을 잡아당기며 흘러 밧줄 모양을 만들어 내요.

지표면 가까이 흐르는 마그마가 빠르게 식으면 현무암이 만들어져요. 그리고 지표면 아래에 갇혀 있는 마그마는 천천히 식어서 반려암이 돼요.

이탈리아의 에트나산이 현무암질 용암을 뿜어내고 있어요. 철과 마그네슘이 풍부하고, 이산화규소의 함량은 낮은 용암이지요.

칠레와 볼리비아 사이에 있는 안산암질 화산인 오야구에산

용암의 종류 알아보기

	점성도	이산화규소 함량	온도
현무암질	낮음	45~52%	1,000~1,200°C
안산암질	중간	52~65%	800~1,000°C
유문암질	높음	66% 이상	650~800°C

진흙이 흐르는 강

봉우리에 눈과 얼음이 쌓인 화산이나 비가 많이 내리는 날에 분화한 화산은 용암이나 화산 쇄설물에 많은 양의 물이 섞이게 돼요. 그러면 '화산 이류'라는 위험한 진흙 강이 만들어져요. 화산 쇄설물이 뒤섞인 급류가 화산 경사면을 따라 최고 시속 100킬로미터에 이르는 속도로 콸콸 쏟아져 내리지요.

비가 많이 내리는 우기에 인도네시아의 므라피산이 분화하면서 인근 마을이 화산 이류로 뒤덮였어요.

잘 흘러내리는 뜨거운 용암 안에는 기체 거품이 많지 않아요. 그래서 점성이 높은 용암에 비해 폭발적이지 않지요.

알고 있나요? 1985년, 콜롬비아의 네바도델루이스산이 분화하면서 산에서 엄청난 양의 진흙이 흘러내려 도시를 덮쳤고 그때 약 2만 5,000명이 목숨을 잃었어요.

화산과 함께 살아가기

화산이 분화하면 사람들의 목숨이 위험할 뿐 아니라 삶의 터전도 파괴돼요. 그런데도 사람들이 화산 주변에서 살아가는 이유는 무엇일까요? 그건 분출된 화산재 덕분에 주변 토양이 비옥해지는 데다 화산 안쪽에 유용한 암석과 귀중한 보석 같은 광물이 있기 때문이에요.

화산의 자원

현무암, 부석, 화산재, 펄라이트는 모두 화산에서 얻을 수 있는 자원이에요. 콘크리트, 시멘트, 단열재, 석회 같은 건설 자재를 만들 수 있는 중요한 자원이지요. 부석은 세제 성분이기도 해요. 화산에서 나오는 황은 독성이 있지만 무척 유용한 광물이에요. 설탕을 표백하거나 성냥과 비료를 만드는 데 쓰이고, 고무를 단단하게 만드는 데도 활용되지요.

인도네시아 발리섬의 바투르호 가장자리 여기저기에 조그만 분화구들이 있어요. 바투르산이 분화해 생긴 분화구에 또다시 분화가 일어나면서 다른 분화구가 파였는데, 거기에 물이 고여 만들어진 '칼데라호'가 바투르호예요.

바투르산의 경사면에는 농사를 짓는 마을들이 많아요. 흙이 비옥한 덕분에 고추, 토마토, 양파를 비롯한 여러 농작물이 건강하게 자라거든요.

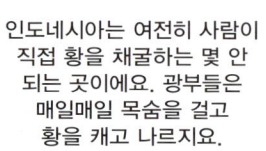

인도네시아는 여전히 사람이 직접 황을 채굴하는 몇 안 되는 곳이에요. 광부들은 매일매일 목숨을 걸고 황을 캐고 나르지요.

활화산인 바투르산의 반경 5킬로미터 안에 50만 명에 가까운 사람들이 살고 있어요.

화산학자

화산학자는 화산의 분화를 기록하고, 용암과 암석, 진흙, 화산 가스를 채취해 연구해요. 고성능 장비로 화산 활동의 작은 변화도 언제든 탐지할 수 있지요. 덕분에 사람들은 화산이 언제 분화할지 미리 알고 안전하게 대피할 수 있게 되었어요.

발리섬 사람들은 미네랄이 풍부한 바투르호의 물을 길어 농작물을 키워요. 호수에서 물고기를 기르기도 하고요.

한 화산학자가 연구 장비에서 자료를 옮기고 있어요. 남극 로스섬의 활화산인 에러버스산에 대해 연구하고 있지요.

화산 지대의 인구 알아보기
(반경 5킬로미터)

- 미초아칸-과나후아토(멕시코) : 약 580만 명
- 다툰산(대만) : 약 500만 명
- 캄피 플레그레이(이탈리아) : 약 220만 명
- 일로팡고(엘살바도르) : 약 200만 명
- 하이난(중국) : 약 170만 명

1943년, 멕시코 파리쿠틴산에서 화산 폭발 지수 4의 화산 분화가 일어났어요. 미초아칸-과나후아토 화산 지대에서 일어난 마지막 분화였지요.

알고 있나요? 캄피 플레그레이 화산 지대는 이탈리아 나폴리의 서쪽에 자리해요. 화산학자들은 이 지역에서 100년 안에 거대한 분화가 일어날 수 있다고 예측해요.

화산섬

화산은 많은 것들을 파괴하기도 하지만 섬처럼 새로운 것들을 만들어 내기도 해요. 대서양의 카나리아 제도도 수백만 년 전에 화산이 폭발하면서 솟아났어요. 그렇게 500만 년 전에서 300만 년 전에는 갈라파고스 제도가 생겼지요. 300만 년 전에서 200만 년 전에는 인도네시아 발리섬과 자바섬도 만들어졌고요.

바닷속 화산

전 세계 바닷속에는 100만 개도 넘는 '해저 화산'이 있어요. 해저에서 마그마가 분화하는 거예요. 해저 화산은 대부분 판의 경계를 따라 자리하고 있지만 열점 위에 있기도 해요. 해저 화산에서 분출된 용암이 식어서 쌓이고 쌓이면 마침내 해수면 위로 새로운 섬이 모습을 드러내요.

사쿠라지마섬은 약 2만 6,000년 전에 만들어진 일본 남쪽의 화산섬이에요. 약 4,600명의 사람들이 살고 있어요.

열점 위에서 화산이 분화해 하와이 제도가 만들어졌어요. 지금은 그 가운데 킬라우에아산의 활동이 가장 활발해요. 용암이 바닷물에 식어 굳으면서 섬이 더 커지고 있지요.

화산섬의 생성과 소멸 알아보기

훈가통가-훈가하파이섬(통가) : 2022년 1월에 폭발하여 거의 소멸
니시노시마섬(일본) : 2013년~2015년에 지금의 크기로 형성
쉬르트세이섬(아이슬란드) : 1963년~1967년에 형성
아낙크라카타우섬(인도네시아) : 1927년~1930년에 형성
카바치섬(솔로몬 제도) : 1939년 이후 형성

아낙크라카타우섬

알고 있나요? 하와이 제도에서 가장 큰 8개의 섬 모두가 화산섬이에요. 카우아이섬은 약 510만 년 전에 솟아난 하와이 제도의 첫 번째 섬이에요.

쉬르트세이섬

1963년 11월 14일, 고깃배를 탄 어부들이 아이슬란드 남서쪽 바다에서 새로운 섬을 발견했어요. '대서양 중앙 해령'이라는 판의 경계에서 화산이 연달아 분화하면서 만들어진 섬이었지요.

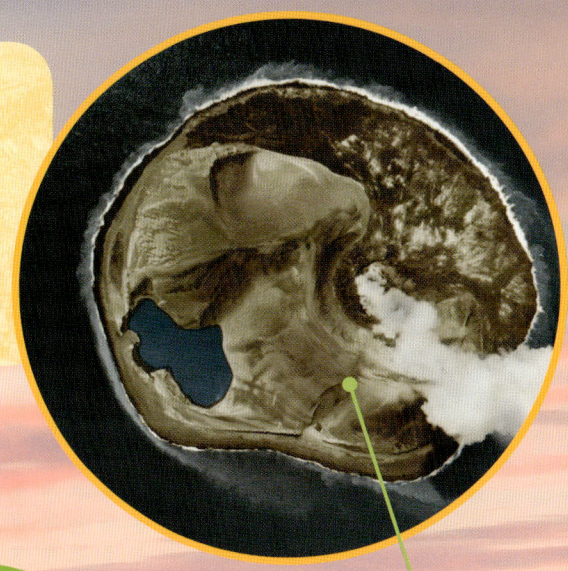

거의 매일 분화하는 사쿠라지마섬은 일본에서 가장 활발한 화산이에요.

쉬르트세이섬을 하늘에서 본 모습이에요. 북유럽 신화에 나오는 불의 거인 '수르트'의 이름을 따왔지요.

사쿠라지마섬의 경사면은 꽤 비옥해서 농업이 발달했어요. 특히 무와 작은 귤을 많이 재배해요.

사쿠라지마섬의 만에서 4킬로미터 떨어진 가고시마 지역에는 대략 60만 명의 사람들이 살아요. 이곳은 주기적으로 화산재를 뒤집어써요.

지진

화산이 그렇듯 지진도 큰 피해를 일으키는 무서운 재난이에요. 지진이 일어난 '진원지'에서 강력한 충격파가 퍼져 나가면서 땅이 흔들리고 집과 건물, 도로가 무너지지요. 지진이 일어나면 여러 가지 재해와 사고가 뒤따르기도 해요.

무서운 재난

지진이 산에서 일어나면 산사태나 엄청나게 많은 양의 진흙이 빠르게 흘러내리는 '이류'가 발생해요. 바다에서 시작된 지진은 지진 해일을 일으켜 거대한 해일이 육지를 덮쳐요. 지진으로 댐이나 홍수를 막는 벽이 무너져 홍수가 일어나기도 해요. 발전소가 무너지거나 가스관이 폭발해 불이 나기도 하지요.

지진이 일어난 뒤에는 여진이 이어져요. 지진이 진정되면서 더 많은 피해가 생기기도 해요. 사람이 건물에서 떨어진 벽돌이나 돌, 타일에 부딪히거나 깔리기도 하지요.

구조대가 탐지견과 적외선 탐지기의 도움을 받아 잔해에 묻힌 사람들을 찾고 있어요.

네팔은 인도판이 유라시아판을 밀고 내려가는 판의 경계에 자리하고 있어서 지진이 일어나기 쉬워요.

지진의 발생

지진은 주로 판의 경계에서 발생해요. 판이 서로 마찰하면서 움직이면 경계선을 따라 압력이 쌓이는데, 이 지형을 '단층'이라고 해요. 그러다가 단층이 완전히 어긋나면 갑작스러운 충격에 지진이 일어나요.

정단층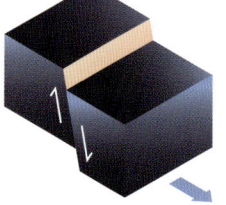
단층의 한쪽 면에 있는 암석이 다른 암석을 밀며 아래로 내려가요.

역단층
단층의 한쪽 면에 있는 암석이 반대쪽 암석을 밀며 타고 올라가요.

주향 단층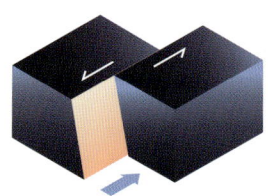
단층 양쪽의 암석이 수평으로, 하지만 서로 반대 방향으로 움직여요.

2015년에 네팔을 뒤흔든 지진의 규모는 7.8이었어요.

지진의 규모

지진의 세기는 1에서 10까지의 규모로 측정돼요.

- 거의 느껴지지 않음 1.0–1.9
- 아주 약함 2.0–3.9
- 약함 4.0–4.9
- 보통 5.0–5.9
- 강함 6.0–6.9
- 꽤 강함 7.0–7.9
- 무척 강함 8.0 이상

2015년 4월, 네팔에 일어난 지진으로 약 9,000명이 목숨을 잃었고, 1만 6,800명 이상이 다쳤어요. 거의 280만 명의 사람들이 집을 잃고 이재민이 되었지요.

1976년, 중국 탕산 지진

사망자 숫자로 최악의 지진 알아보기

- 83만 명 : 중국 산시, 1556년(규모 8.0)
- 31만 6,000명 : 아이티 포르토프랭스, 2010년(규모 7.0)
- 26만 명 : 터키 안티오크, 115년(규모 7.5)
- 25만 명 : 터키 안티오크, 525년(규모 7.0)
- 24만 2,000명 : 중국 탕산, 1976년(규모 7.5)

알고 있나요? 미국의 지진학자 찰스 리히터가 1935년에 정확한 지진의 규모를 측정하는 방법을 개발했어요.

지진에 대비하기

과학자들은 판의 경계나 단층의 위치를 찾아 지진이 일어날 만한 곳을 알아내요. 하지만 지진이 '언제' 일어날지도 알 수 있을까요? 지진학자들은 지진의 시기를 예측하기 위해 노력하고 있어요. 지진이 일어나기 쉬운 지역에 살고 있는 사람들은 지진에 단단히 대비하고 있지요.

미리 대비하기

사람들은 지진이 일어났을 때 빠르고 안전하게 대처하기 위한 훈련을 해 오고 있어요. 많은 시간을 보내는 장소에 안전한 공간을 만들어 두고, 구급상자는 어디에 있는지 그리고 수도와 가스, 전원은 어떻게 차단해야 하는지도 배워요.

어린이들이 '지진 대피 훈련'을 하고 있어요. 지진 경보가 울리면 위에서 떨어지는 잔해로부터 머리를 보호하는 자세를 취해요.

미국 캘리포니아의 파크필드에 있는 지진 실험실이에요. '샌앤드레이어스 단층' 위에 있지요.

안전하게 짓는 '내진 건축'

땅이 심하게 흔들리면 마치 물처럼 움직이는데, 이 현상을 '액상화 현상'이라고 해요. 이때 건물 지지대가 없으면 건물이 땅밑으로 꺼져 주저앉고 말지요. 건축가들은 건물의 토대를 유연하게 설계해 지진에도 잘 견디는 건물을 지으려고 해요. 그러면 고층 건물이라도 지진에 흔들릴 뿐, 무너지지는 않지요. 이런 건축을 '내진 건축'이라고 해요.

일본은 아주 오래전부터 내진 건축을 해 왔어요. 이 탑에 보이는 3개의 지붕은 탑 중심에 꼭 맞게 얹혀져 있지 않고 느슨하게 연결되어 있어요. 지진이 일어나면 탑의 중심인 기둥은 흔들리지만 탑 전체가 무너지지는 않아요.

지진 해일

'지진 해일'은 '쓰나미'라고도 불리는데, 바닷속에서 일어난 '해저 지진'에 떠밀린 바닷물이 수 미터에서 수십 미터의 파도가 되어 육지를 덮치는 현상을 말해요. 밀물이나 썰물, 보통의 파도와는 전혀 다른 자연 현상이지요. 해저 지진뿐 아니라 해저 화산의 분화나 수중 폭발, 운석 충돌도 지진 해일을 일으킬 수 있어요.

2004년, 인도양에서 일어난 해저 지진에 뒤이은 지진 해일이 육지를 덮친 재난 현장이에요.

지진 해일의 여정

해저의 일부가 지진으로 움직여 갑자기 올라가거나 내려가면 엄청난 양의 바닷물이 한꺼번에 밀려나요. 바닷물은 얕은 지역으로 밀려가면서 점점 높아지고, 엄청난 파도가 되어 해안가를 연달아 덮쳐요. 가끔은 지진 해일이 해안가에 닿기 전에 해안가의 바닷물이 썰물처럼 전부 빠져 나가기도 해요. 그러다가 엄청난 파도가 밀려와 해안가를 뒤덮지요.

일본의 화가 가쓰시카 호쿠사이가 1830년경에 만든 「가나가와 해변의 높은 파도 아래」라는 목판화예요. 요코하마 지역을 덮쳤던 지진 해일을 표현했다고 알려져 있지요.

최악의 지진 해일 알아보기
(2004년 12월 26일, 남아시아 대지진)

진도 9.1의 해저 지진이 일으킨 지진 해일이에요.
시속 800킬로미터의 속도로 육지를 향했어요.
3번의 큰 파도가 인도네시아 수마트라섬을 덮쳤는데, 그 가운데 가장 강력했던 건 2번째 파도였어요.
14여 개국에서 약 23만 명이 목숨을 잃었을 거라고 추정돼요.
174만여 명의 이재민이 발생했어요.

대피소의 지진 해일 생존자들

알고 있나요? 1755년 11월 1일, 지진 해일이 포르투갈의 리스본을 덮쳐 리스본에서만 약 6만 명에 가까운 사람들이 목숨을 잃었어요.

수마트라섬 해안에서 조금 떨어진 바다에서 지진이 일어나면서 지진 해일이 발생했어요. 지진 해일의 파도는 최고 30미터 높이까지 치솟았어요.

수마트라섬 서쪽의 바닷가 마을 르풍은 당시 발생한 지진의 진원과 가장 가까운 마을이었어요. 주민 1만 명 가운데 살아남은 사람은 수백 명에 불과해요.

2004년 지진 해일에서 가장 큰 피해를 입은 나라는 인도네시아예요. 약 17만 명이 목숨을 잃었고, 50만 명 넘는 이재민이 생겼어요.

지진 해일의 탐지

지진 해일의 80퍼센트는 태평양 가장자리에서 발생해요. 미국은 하와이에 있는 '태평양 지진 해일 경보 센터'가 기록하는 해수면의 높이와 지진 활동 기록으로 지진 해일을 예측해 대비하지요.

2011년에 일본 동쪽 해안을 덮쳤던 지진 해일의 그래픽 사진이에요. 노란색에 가까울수록 낮은 파도를, 검은색에 가까울수록 높은 파도를 나타내요.

온천과 간헐천

지구 안에 원래부터 있는 열에너지를 '지열'이라고 하는데, 온천과 간헐천은 땅속 마그마나 뜨거운 암석 때문에 생기는 지열이 지하수를 데워서 만들어지는 지형이자 자연 현상이에요. 온천과 간헐천은 주로 화산 근처에 만들어지지요.

일본원숭이는 일본 동북 지방과 중부 지방에 주로 사는데, 그중에서도 추운 북쪽에 사는 원숭이들은 온천에 몸을 담그며 추운 날씨를 견뎌요.

건강에 좋은 온천

많은 사람들이 온천욕을 좋아하고 즐겨요. 따뜻한 온천에 몸을 담그고 있으면 몸과 마음이 안정되고 통증이 가라앉거든요. 온천수는 이산화규소나 황 같은 광물이 풍부해서 피부에도 좋아요.

아이슬란드의 블루라군은 자연적으로 만들어진 온천은 아니에요. 하지만 이곳의 물도 지열로 데워져요. 부근의 지열 발전소가 지하 2,000미터 깊이에서 끌어 올린 뜨거운 온천수를 이곳으로 보내 주거든요.

가장 멋진 온천 알아보기

파묵칼레(터키): 바닥에 하얀 침전물이 깔린 온천이에요. 물속의 탄산칼슘이 모여 석회석이 되었지요.

스팀보트(미국): 온천수 소리가 증기선 소리와 비슷하다고 생각해서 증기선이라는 뜻의 '스팀보트'라고 이름 붙였어요.

와이오타푸(뉴질랜드): 노란색, 초록색, 청록색, 주황색 등 다양한 색을 띠는 온천이에요.

뉴질랜드의 와이오타푸 온천

알고 있나요? 미국의 옐로스톤 국립 공원에 있는 온천과 간헐천은 미국 전체에 전기를 공급할 수 있을 정도로 엄청난 지열 에너지를 품고 있어요.

화산 활동이 활발한 일본의 온천 가운데는 온도가 무척 높은 곳들도 있어요.

지열이 만들어 내는 지형

온천은 지열로 뜨거워진 물웅덩이예요. '간헐천'은 반복적으로 뜨거운 공기와 수증기를 뿜어내는 온천이고, '분기공' 역시 갈라진 땅 사이로 뜨거운 수증기와 기체를 뿜어요. '머드포트'는 지열을 받아 뜨겁고 부글거리는 진흙 웅덩이예요.

아이슬란드의 흐베리르
나마프얄산 가까이에 있는 이 분기공은 황 성분이 섞인 수증기와 다른 기체들을 함께 뿜어요.

아이슬란드의 스트로쿠르
이 간헐천은 약 6분에서 10분마다 펄펄 끓는 물을 공기 중으로 뿜어 올리는데, 그 높이가 15미터가 넘어요.

뉴질랜드의 와이오타푸
지열 때문에 생긴 다른 지형들처럼 머드포트에서도 썩은 계란 냄새가 나요. 유황 성분 때문이에요.

일본원숭이는 전 세계 원숭이 가운데 가장 북쪽에 살 뿐 아니라 인간을 제외한 영장류 가운데 가장 북쪽에 사는 동물이에요.

일본에는 2,600개가 넘는 온천이 있어요.

47

제3장 암석과 광물

지질 시대

지구의 나이가 무려 46억 살이나 된다니 정말 놀라워요! 지질학자들은 이렇게 긴 지구의 역사를 쉽게 이해하고 연구할 수 있게 작은 덩어리로 나누었어요. 가장 큰 단위가 '누대'이고, 누대는 다시 '대'라는 작은 단위로 쪼개져요. 작은 단위라고 해도 '대' 역시 1억 년이 넘는 긴 시간이지요.

탑처럼 우뚝 솟은 이 암석 기둥은 중국 남동부 우링위안에 있어요. 약 4억 년 전에 형성되었지요.

지질 시대의 구분

우리가 살고 있는 신생대는 6,600만 년 전에 시작되었어요. 공룡이 멸종한 중생대 말기 이후의 시기이지요. '대'는 다시 '기'로 나뉘는데, 중생대에는 트라이아스기, 쥐라기, 백악기라는 3가지 시기가 있어요. '기'는 또다시 '세'로 구분되는데, 우리가 사는 신생대 제4기 홀로세는 마지막 빙하기가 끝난 약 1만 1,000년 전에 시작되었어요.

누대와 대

누대	대	연대
현생누대	신생대	6,600만 년 전
	중생대	2억 5,200만 년~6,600만 년 전
	고생대	5억 4,100만 년~2억 5,200만 년 전
원생누대	신원생대	10억 년~5억 4,100만 년 전
	중원생대	16억 년~10억 년 전
	고원생대	25억 년~16억 년 전
시생누대	신시생대	28억 년~25억 년 전
	중시생대	32억 년~28억 년 전
	고시생대	36억 년~32억 년 전
	초시생대	40억 년~36억 년 전
명왕누대		46억 년~40억 년 전

지질 시대를 그림으로 그려 보면 인간은 아주아주 작은 부분에 지나지 않아요.

1. 46억 년 전, 지구의 탄생
2. 36억 년 전, 단세포 생물 등장
3. 9억 년 전, 다세포 생물 등장
4. 5억 4,000만 년 전, 삼엽충 등장
5. 3억 9,000만 년 전, 육지 동물 등장
6. 2억 5,200만 년 전, 파충류의 시대인 중생대 시작
7. 6,600만 년 전, 포유류의 시대인 신생대 시작
8. 20만 년 전, 현생 인류의 진화

알고 있나요? 지질 시대는 생물의 멸종 같은 중요한 사건들을 기준으로 나누어요. 그렇기 때문에 간격이 일정하지 않아요.

'퇴적암' 속 '화석'은 암석에 지구의 역사가 담겨 있다는 사실을 알려 줘요.

암석의 연대 측정

지질학자들은 여러 장소의 암석 층을 비교하고, 그 안의 화석이나 광물, 암석을 서로 맞춰 보면서 암석의 나이를 알아내요. 그보다 조금 복잡한 방법인 '방사능 연대 측정'은 방사성 물질을 활용해 유적이나 유물, 화석 등의 나이를 알아내지요.

지질학자들이 드릴로 산호를 1미터 정도 뚫어 표본을 채집하고 있어요. 산호 군집의 층에는 시간에 따라 바다가 어떻게 변화해 왔는지를 알려 주는 자료들이 고스란히 담겨 있지요.

'퇴적암'은 암석의 3가지 유형 가운데 하나예요. 나머지는 '화성암'과 '변성암'인데, 각각의 암석은 서로 다른 방식으로 만들어져요.

우링위안에는 사암 기둥이 3,000개도 넘게 있어요.

49

화성암

'화성암'은 마그마나 용암이 식은 뒤 단단하게 굳어 만들어지는 암석이에요. 땅 위에서도 땅속에서도 만들어지는데, 화산에서 분출된 용암이 땅 위에서 빠르게 굳으면 '화산암'이 만들어져요. 반면 땅속에 갇힌 마그마가 굳으면 '심성암'이 되지요.

가장 흔한 암석

화성암의 종류는 수백 가지나 돼요. 그 가운데 가장 흔한 건 '현무암'과 '화강암'인데, 어떤 광물을 함유하는지에 따라 색깔이 달라져요. 같은 화강암이라도 분홍색, 붉은색, 갈색, 초록색, 파란색, 검은색 등 완전히 다른 색을 띨 수 있어요.

스코틀랜드 서부 해안에서 떨어진 스태파섬에 있는 핑걸스 동굴이에요. 화성암으로 된 3중 구조의 동굴이지요.

터키 중부의 '요정의 굴뚝'은 화산재가 식어 만들어진 '응회암'과 현무암으로 이루어져 있어요. 부드러운 응회암이 수백만 년에 걸쳐 깎여 나가면서 신비한 모양이 되었지요.

화성암 석상 알아보기

- 그레이트짐바브웨 유적(짐바브웨) : 화강암
- 모아이 인상(칠레 이스터섬) : 현무암
- 적도 기념비(에콰도르) : 안산암
- 러시모어산 석상(미국) : 세립질(입자가 고운) 화강암
- 코판 마야 유적의 피라미드 신전(온두라스) : 응회암

러시모어산의 석상

알고 있나요? 지구의 지각 대부분이 화성암이에요. 하지만 퇴적암 층 아래에 파묻혀 있기 때문에 겉으로 드러난 부분은 많지 않아요.

퇴적암

'퇴적'은 많이 덮쳐져 쌓이는 것을 말해요. 그와 비슷하게 '퇴적암'은 작은 암석 조각이나 돌멩이, 진흙, 모래, 단단한 껍데기들이 수백만 년 동안 쌓이고 쌓여 만들어져요. 퇴적물이 쌓일수록 무거워져 압력이 높아지면서 단단한 암석이 되는 거예요. 호수나 바다에서 물이 말라붙고 난 뒤, 물에 녹아 있던 광물이 모이고 모여 퇴적암이 만들어지기도 해요.

겹겹이 쌓인 층

퇴적암은 각기 다른 시대에 만들어진 층이 차례차례 쌓이기 때문에 가장 오래전에 생긴 층이 가장 아래에 놓여요. 퇴적암 층이 수평 방향이 아니라면 퇴적암 층이 만들어진 뒤 지각 운동이 일어나 땅이 움직였다는 의미예요. 가끔은 퇴적암 속에 화석이 된 동물이나 식물의 잔해가 들어 있기도 해요. 그게 바로 '화석'이에요.

모뉴먼트밸리는 미국 애리조나와 유타의 경계에 있어요. 이곳의 독특한 암석 층은 약 5,000만 년에 걸친 풍화 작용으로 만들어졌어요.

모뉴먼트밸리 곳곳에 위가 편평한 사암 기둥인 '뷰트'가 서 있어요.

중국의 장예 단샤 지질 공원은 퇴적암 산이에요. 약 2,400만 년 전부터 판의 이동으로 암석 층이 밀려 올라와 기울어지면서 퇴적암 층이 비스듬히 드러난 산이 되었어요.

이 계곡의 바닥을 이루는 '실트암'은 산화 망가니즈 성분 때문에 어두운 청회색을 띠어요.

퇴적암 명소 알아보기

- 아부심벨 신전(이집트) : 사암
- 앙코르와트(캄보디아) : 사암
- 울루루(오스트레일리아) : 사암
- 엠파이어스테이트빌딩(미국) : 석회암
- 콜로세움(이탈리아) : 트래버틴(석회암의 한 종류)

아부심벨 신전에 있는 람세스 2세 대신전

각 뷰트의 맨 위층은 붉은 사암, 중간층은 풍화된 사암, 아래층은 '이판암'으로 이루어져 있어요.

주요 퇴적암들

석회화
물이 증발하면서 광물만 남아 단단해지면 '석회화'가 만들어져요. 석회화를 이루는 주요 광물은 석회암에 흔히 있는 '방해석'과 해양 동물의 뼈에서 나온 '아라고나이트'예요.

역암
'쇄설암'이라는 커다란 퇴적암 덩어리가 모래나 토사, 진흙 같은 고운 퇴적물과 뭉쳐 만들어져요. 가끔은 빙하에서 떨어져 나온 잔해로 만들어지기도 하지요.

백악
'백악'은 주로 '유공충'이라는 아주 작은 해양 생물의 껍데기 속 석회질로 만들어져요. 입자가 무척 곱고 부드러운 암석이지만 다른 석회암에 비해 잘 침식되지 않아요.

알고 있나요? 퇴적암은 지표면의 약 73퍼센트를 뒤덮고 있는 암석이에요. 하지만 지구 지각의 약 5퍼센트 정도밖에 되지 않아요.

변성암

'변성'은 원래의 성질이 변해 다르게 된다는 뜻이에요. '변성암'도 비슷해서, 원래의 성질이 바뀐 암석을 말해요. 땅속 깊은 곳에서 열 또는 열과 압력을 함께 받으면 완전히 다른 암석이 되거든요. 화성암과 퇴적암 모두 변성암이 될 수 있어요. 심지어 변성암이 또 다른 변성암이 되기도 해요.

이탈리아 북서부의 카라라 외곽에 자리한 채석장이에요. 품질이 뛰어난 '대리암'을 생산하는 곳으로 유명하지요.

압력에 따라 달라지는 변성암

퇴적암인 '이판암'이 낮은 압력을 받으면 입자가 고운 '점판암'으로 변해요. 그보다 높은 압력과 열이 가해지면 점판암은 입자의 크기가 중간 정도인 '편암'이 돼요. 압력과 열기가 높은 곳에서는 어떤 암석이라도 입자가 굵은 '편마암'으로 변할 수 있어요.

프랑스의 루아르 계곡에는 푸른빛의 점판암 지붕이 아름다운 마을과 성 들이 있어요. 점판암은 얇고 넓적하게 쪼개지는 특성 때문에 건축에 많이 이용돼요.

프랑스의 시농

변성암 건축물 알아보기

- 코나라크 태양신 사원(인도) : 편마암
- 구원의 예수상(브라질) : 동석(활석의 한 종류)
- 파르테논 신전(그리스) : 대리암
- 타지마할(인도) : 하얀 대리암(외장재)
- 워싱턴 기념탑(미국) : 대리암

마야 유적지에 세워진 조각상

알고 있나요? 르네상스 시대의 학자이자 예술가인 미켈란젤로는 카라라 지역의 대리암으로 유명한 조각상인 「피에타」(1498년~1499년)와 「다비드」(1501년~1504년)를 만들었어요.

석회암이 마그마나 용암의 열과 압력을 받으면 대리암이 돼요.

주요 변성암들

대리암
석회암에 높은 온도를 가하면 대리암이 돼요. 불순물이 없는 순수한 석회암은 하얀색 대리암이, 다른 광물이 섞여 있으면 줄무늬가 있거나 여러 색을 띤 대리암이 만들어져요.

유휘암
현무암과 광물 구성이 비슷한 변성암이에요. 이 유휘암처럼 주로 초록색의 휘석과 붉은 석류석으로 이루어져요.

편마암
어떤 암석이라도 높은 열과 압력을 받으면 편마암이 될 수 있어요. 높은 열과 압력에 광물이 떨어져 나가 줄무늬를 만들어 내는데, 연한 색의 줄무늬는 대개 '장석'과 '석영' 성분이에요.

고대 로마인들은 카라라산 대리암으로 판테온 신전과 트라야누스 기념주를 세웠어요. 런던의 마블아치도 같은 재료로 만들어졌지요.

채석장 노동자들은 다이아몬드 드릴과 다이아몬드 실톱으로 거대한 대리암 덩어리를 잘라 내요. 대리암 덩어리 하나의 무게는 1톤이 넘기도 해요.

55

광물

'광물'은 땅속이나 물속에서 자연적으로 생기는 고체 성분으로, 광물이 모이면 암석이 돼요. 인간은 광물 안에 들어 있는 순수한 원소 성분을 얻기 위해 광물을 채굴하지요. 다이아몬드는 하나의 원소로 된 대표적인 광물이에요.

원소 덩어리

대부분의 광물은 여러 원소가 섞인 화합물이에요. 금속 또는 금속과 비슷한 원소가 황 성분과 결합하면 '황화물'이 만들어지고, 규소와 산소가 결합하면 '규산염'이 만들어져요. 유용한 광물이 들어 있는 암석은 '광석'이라고 해요.

우리가 흔히 '옥'이라고 부르는 광물에는 '경옥'과 '연옥'이 있어요. 동아시아의 예술가들은 아주 오래전부터 두 광물로 예술품을 만들어 왔어요.

연옥은 가장 흔한 형태의 옥이에요. 크림색을 띠는 연옥은 양의 지방 같은 옥이라는 의미를 담아 '양지옥'이라고도 불려요. 그 외에 연한 초록색이나 회색 같은 어두운색을 띠기도 해요.

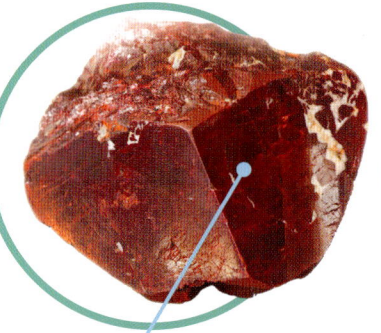

'진사'는 수은과 황 성분이 합해진 황화 수은 광석이에요. 수은을 뽑아 내는 가장 일반적인 원료로 쓰여요.

'방연석'은 자연에서 발견되는 황화 납으로, 가장 흔한 납 광석이에요. 은 성분이 들어 있기도 해요.

지각에 가장 많은 광물 알아보기

1. 장석
2. 석영
3. 감람석
4. 백운모
5. 흑운모
6. 방해석
7. 조장석
8. 회장석
9. 휘석
10. 각섬석

'장석'은 육지에 존재하는 암석 성분의 약 60퍼센트 정도를 차지해요.

공예사는 발판을 밟아 옥을 연마하는 기계를 작동시켜요. 그래야 양손으로 옥을 잡을 수 있기 때문이에요.

옥을 깎을 때 모래가 섞인 물을 흘려 주면 매끄러운 조각상을 만들 수 있어요.

유용한 광물

반도체용 구리 관과 전선, 리튬 전지, 석영 시계, 실리콘처럼 많은 생활필수품들에 광물이 들어 있어요. 광물은 기계, 세제, 인공 신체 기관 등 우리가 쉽게 생각하지 못하는 곳곳에 사용될 뿐 아니라 식품이나 약을 통해 우리 몸에 섭취되기도 해요.

석영에서 발견되는 이산화규소는 유리의 주성분이에요. 유리 수공업자가 유리에 카드뮴과 셀레늄, 황 성분을 더해 주황색 유리 제품을 만들고 있어요.

알고 있나요? 2가지 이상의 물질이 결합해 만들어진 광물 가운데 규산염 광물은 지금까지 알려진 것만 해도 무려 600가지나 돼요.

결정

광물은 공간만 충분하다면 규칙적인 모양을 가진 '결정'으로 자라요. 광물 속 분자가 일정한 법칙에 따라 특정한 모양으로 결합하기 때문이지요.

멕시코의 크리스털 동굴에 가면 지금껏 자연에서 발견된 결정 가운데 가장 큰 결정을 볼 수 있어요.

우리 주변의 결정, 수정

'수정'은 우리가 가장 흔하게 볼 수 있는 석영의 결정으로, '크리스털'이라고도 해요. 불순물이 섞이지 않아 순수한 수정은 투명하지만 다른 광물이 섞여 다른 색을 띠기도 해요. 보라색인 자수정과 노란색의 황수정이 있고, 하얀색이 섞인 분홍색 수정도 있어요. 수정 결정은 기본적으로 1개의 규소 원자를 둘러싼 4개의 산소 원자로 구성돼요. 이 분자가 모여 6개의 면을 가진 육각기둥 모양의 수정이 되지요.

투명한 수정이 만들어지는 과정에서 바늘 모양의 결정을 가진 '금홍석'이라는 광물이 같히면 이런 모양의 수정이 돼요.

결정 알아보기

- **알렉산드라이트** : 빛에 따라 붉은색 또는 초록색으로 달라 보여요.
- **인회우라늄석** : 자외선을 받으면 형광색을 띠어요.
- **형석** : 빛을 흡수해 머금었다가 내뿜어요.
- **레드베릴** : 녹주석의 한 종류로, 희귀한 붉은색 보석이에요.

인회우라늄석

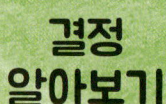

58

금속

금속은 보통 단단하고 반짝거리는 고체인데, 열을 가하면 녹고 망치 같은 도구로 두드리면 펴지는 등 모양이 바뀌어요. 열이나 전기가 잘 전달되는 성질도 띠고 있지요. 은, 구리, 백금, 아연, 철, 수은 같은 몇몇 금속들은 한 가지 원소만으로 이루어진 '원소 광물'이기도 해요.

볼리비아 포토 근처에 있는 세로리코산은 '풍요로운 산'이라는 뜻으로, 한때 전 세계에서 은을 가장 많이 채굴하던 광산이었어요.

순수한 금속 또는 합금

순수한 금속과 2가지 이상의 금속이 섞인 '합금'은 덩어리 형태로 존재하기도 하고 암석 안에 줄기처럼 뻗어 있기도 해요. 하지만 광석 안에서 다른 원소들과 화학적으로 결합해 있는 경우가 더 많아요. 사람들은 광석을 높은 온도로 가열해 필요한 금속만을 뽑아내는데, 이 과정을 '제련'이라고 해요.

광부들은 광산으로 들어가 폭발물로 땅속 암석을 폭파한 다음 부서진 암석을 수레에 실어요. 그런 다음, 금속이 섞인 광석을 땅 위로 옮겨요.

석영 안에 공간이 충분하지 못해 금이 나뭇가지 모양으로 뻗어 나갔어요. 공간이 충분했다면 정육면체 모양의 결정이 됐을 거예요.

금속의 최대 생산량 알아보기 (2019년)

- 금 : 4,200톤, 중국, 전 세계 생산량의 약 13퍼센트
- 구리 : 560만 톤, 칠레, 전 세계 생산량의 약 28퍼센트
- 은 : 6,300톤, 멕시코, 전 세계 생산량의 약 23퍼센트
- 주석 : 8만 5,000톤, 중국, 전 세계 생산량의 약 27퍼센트
- 백금 : 13만 톤, 남아프리카공화국, 전 세계 생산량의 약 72퍼센트

남아프리카공화국에서 백금 광석을 운반하는 모습

알고 있나요? '수은'은 자연 그대로의 온도인 상온에서 액체로 존재하는 유일한 금속이지만, 어떤 금속과도 쉽게 섞여 합금이 돼요.

순수한 은 덩이를 발견하는 건 드문 일이에요. 은은 보통 은과 황이 섞인 '휘은석', 은과 납이 들어 있는 방연석, 은과 염소로 된 '클로라기라이트' 같은 광석 안에서 발견돼요.

폭이 1미터 정도 되는 갱도에서는 광부가 쓴 안전모에 달린 안전등이 유일한 빛이에요.

금속의 쓰임새

사람들은 약 8,000년 전부터 구리를 사용해 왔어요. 3,000년 전에는 구리에 주석을 섞어 '청동'을 만들었는데, 이 합금이 구리나 주석보다도 단단했지요. 철 역시 고대부터 사용되어 왔지만 아주 높은 열로 제련해야 하는 단단한 철은 근대에 들어와서야 만들어졌어요.

자석이 달린 크레인이 쓰레기 더미에서 재활용할 수 있는 금속을 골라내고 있어요. 자석에 붙는 금속은 철, 니켈, 코발트와 몇몇 합금뿐이라 많지는 않아요.

보석

결정 가운데에는 장신구로 쓰고 싶을 만큼 아름다운 것들이 많은데, 이런 광물을 '보석'이라고 해요. 다이아몬드, 루비, 사파이어, 에메랄드가 모두 보석으로 쓰이는 광물이에요. 뿐만 아니라 청금석 같은 암석도 보석으로 쓰여요.

보석 가공하기

자연 상태 그대로 쓰이는 보석은 아주 드물어요. 대부분은 정교하게 깎이고 아름답게 다듬어진 뒤에 쓰이지요. 보석을 경사진 여러 면으로 편평하게 깎으면 영롱하게 반짝여요. 위쪽을 볼록하고 매끄럽게 깎는 '카보숑' 기법으로 가공하면 보석이 가진 무늬가 더욱 돋보이지요.

영국 왕실의 주인인 여왕이 쓰는 왕관이에요. 영국 왕실이 소유한 3,165개나 되는 보석으로 장식되어 있어요.

깎거나 광택을 내지 않은 오팔과 카보숑으로 가공해 푸르고 영롱한 색을 내는 오팔을 비교해 보세요.

굴은 껍데기 안에 모래 같은 이물질이 끼면 희미하게 반짝이는 '진주층' 성분으로 이물질을 덮어 버려요. 진주층이 쌓이고 쌓이면 진주가 되지요.

생물이 만든 보석

광물이 아닌 보석도 있어요! 나무 수액이 땅속에 묻혀 탄소, 수소 등과 합쳐져 오랜 시간이 지나면 투명한 황금색의 '호박'이 돼요. 반짝이는 검은색의 갈탄은 고대의 나무줄기에서 만들어진 석탄의 한 종류로, '흑옥'이라고도 해요. 진주나 산호는 바다 생물이 만들어 낸 보석이지요.

화석

지구의 암석은 마치 역사책 같아요. 고생물학자들은 암석에 보존된 동식물의 유해인 '화석'을 연구하는데, 그것을 통해 지구와 인류의 과거에 대해 알 수 있거든요. 인류학자들은 특히 인류의 역사에 주목해 인류의 유해와 유적을 발굴하고 연구하지요.

암석에 보존된 것들

동물이나 식물의 유해가 퇴적물에 잠기거나 용암 또는 화산재에 갇히면, 단단한 부분이 화석으로 변해요. 다시 말해, 암석의 일부가 되는 거예요. 이 과정은 수백만 년에 걸쳐 이루어져요. 때로는 인류가 쓰던 도구나 보물, 건축물, 배에 이르기까지 다양한 과거의 물건들이 땅속에 고스란히 보존된 채 발견되기도 해요.

지금은 멸종된 '삼엽충'의 화석이에요. 5억 4,000만 년 전에서 2억 3,000만 년 전까지 바다에 살았던 동물이지요.

이곳은 스페인 북부의 아타푸에르카예요. 이 지역의 암석은 대부분이 석회암 같은 퇴적암이에요.

화석 층 알아보기

- **아우카마우에보(아르헨티나)** : 8,350만 년~7,950만 년 전, 티타노사우루스의 둥지
- **라브레아 타르피트(미국)** : 5만 년 전, 빙하 시대의 동식물
- **랴오닝(중국)** : 1억 4,000만 년~1억 년 전, 깃털 달린 공룡
- **올두바이 협곡(탄자니아)** : 210만 년~1만 5,000년 전, 초기 인류
- **리버슬레이(오스트레일리아)** : 2,500만 년 전, 곰·매머드 등의 거대 동물

미국 라브레아 타르피트에서 발견된 동물의 머리뼈

100만 년 전에 이곳에 살았던 초기 인류부터 현대 인류의 흔적까지 모두 남아 있어요.

고고학자들이 아타푸에르카에서 발굴을 하고 있어요. 동물의 머리뼈와 청동기 시대에 사용하던 도구, 인류의 먼 조상인 '오스트랄로피테쿠스'의 뼈를 발견했지요.

화석에 기록된 흔적들

생명체의 몸통이나 뼈만 화석으로 남는 건 아니에요. 때로는 발자국, 이동 경로, 식물의 뿌리가 있던 구멍이나 동물이 살던 굴 같은 살아가던 흔적이 남기도 해요. 이런 흔적이 암석에 남아 오래전 생명체들에 대한 기록을 전해 주지요.

백악기에 살던 수각류 공룡들이 남긴 발자국 화석이에요. 수각류는 대부분 두 발로 걸으며 고기를 먹고 살던 공룡들이지요.

알고 있나요? 가장 오래된 인류의 발자국 화석은 탄자니아에서 발견된 360만 년 전 화석이에요. 약 70개가 발굴되었지요.

화석 연료

석탄, 석유, 천연가스는 값싸고 든든한 에너지원이에요. 우리가 쓰는 전 세계 에너지의 3분의 2 이상을 이런 '화석 연료'에서 얻고 있어요. 하지만 화석 연료를 태울 때 방출되는 이산화탄소는 지구의 기온을 높이는 지구 온난화 현상을 일으키지요.

화석 연료가 만들어지는 과정

화석 연료는 지질 시대에 땅속에 묻힌 생물이 화석처럼 굳어져 오늘날 연료로 이용되는 물질이에요. 석탄도 그중 하나이지요. 석탄은 먼 옛날 습한 숲에서 만들어지기 시작했어요. 식물이 진흙이나 산성을 띤 물에 떨어져 '토탄'이 되고, 토탄이 쌓이면 '이탄지'가 만들어져요. 수백만 년에 걸쳐 이탄지에 퇴적물이 쌓여 압력을 받으면 석탄이 생기지요. 석유와 천연가스는 바다에 가라앉은 동물과 식물의 잔해가 퇴적물이 되어 석탄과 비슷한 과정을 거쳐 만들어져요.

석유는 자연에서 '원유'라는 형태로 존재해요. 우리는 '석유 정제'로 원유를 거르고 분리해 사용하지요. 이곳은 일본 와카야마에 있는 정유 공장이에요.

석탄을 먼 곳으로 운송할 때는 배나 기차를, 가까운 곳으로 보낼 때는 커다란 트럭을 이용해요. 석유와 천연가스는 관을 통해 옮겨져요.

정제된 원유는 끓는점이 낮은 것에서부터 높은 순서대로 주방용 가스, 자동차 연료, 비행기 연료, 트럭 연료, 산업용 연료로 사용돼요.

원유를 정제해 여러 종류의 연료로 분리하는 과정에서 가장 마지막에 만들어지는 '아스팔트'는 도로포장이나 건축에 사용돼요.

알고 있나요? 가장 품질이 좋은 석탄인 '무연탄'은 땅속에서 엄청난 열과 압력을 받아 만들어지는 변성암이에요.

귀중한 토탄

이탄지는 '탄소의 저장고'예요. 공기에 있는 이산화탄소를 빨아들이거든요. 이 습지는 희귀한 동물과 식물의 서식지이기도 해요. 하지만 오늘날에는 농지나 목초지를 만들기 위해 이탄지의 물을 일부러 빼내거나 화석 연료로 쓰기 위해 토탄을 채취해서 이탄지가 점점 사라지고 있어요.

원유는 350도 이상 가열되는 과정에서 다양한 종류의 연료로 각기 나눠져 '상압 증류탑'의 특정한 층에 남게 돼요.

어떤 곳에서는 토탄을 태워서 연료로 사용해요. 토탄은 잔디를 기르는 흙으로 사용되기도 하지요.

이 공 모양의 커다란 통은 '액화 석유 가스'인 LPG를 저장하는 곳이에요.

정유 생산량 알아보기
(1배럴=159리터)

1. 인도 잠나가르의 릴라이언스 정유 공장 : 124만 배럴
2. 베네수엘라 팔콘의 파라구아나 정유 공장 : 97만 1,000배럴
3. 대한민국 울산의 SK에너지 정유 공장 : 84만 배럴
4. 아랍에미리트 루와이스의 ADNOC 정유 공장 : 83만 7,000배럴
5. 대한민국 여수의 GS칼텍스 정유 공장 : 80만 배럴

대한민국 여수의 정유 공장

제4장 물과 날씨

물

우주에서 지구를 바라보면 푸른색으로 보여요. 물이 지구 표면적의 4분의 3을 덮고 있기 때문이에요. 지구를 뒤덮은 물은 동물과 식물, 인간이 살아가는 데 꼭 필요해요. 우리가 직접 마시기도 하지만 공장의 기계를 움직일 때도, 농사를 지을 때도 물이 없어서는 안 되지요.

고체, 액체, 기체

물은 신기한 물질이에요. 지구의 일반적인 환경에서 고체와 액체, 기체 상태로 모두 존재할 수 있는 몇 안 되는 물질이거든요. 물은 날씨에 따라 고체로 얼기도 하고, 액체로 녹기도 하며 기체로 증발하기도 해요.

> 식물은 물에 의존해 살아가며, 야생 동물의 먹이와 집이 되어요.

> 물이 산이나 언덕을 내려오다가 절벽에서 떨어지면 폭포가 돼요. 폭포가 수천 년에 걸쳐 바위에 떨어지면 바위가 조금씩 닳아서 깎여 나가요. 이를 '풍화'라고 해요.

> 과학자들은 지금까지 물속에서 생활하는 약 23만 종의 생물을 발견해 기록했어요. 이 가운데는 7종의 바다거북도 있어요.

가장 높은 폭포 알아보기

1. 앙헬 폭포(베네수엘라) : 979미터
2. 투겔라 폭포(남아프리카공화국) : 948미터
3. 트레스에르마나스 폭포(페루) : 914미터
4. 올로우페나 폭포(미국 하와이) : 900미터

앙헬 폭포

알고 있나요? 지구는 물이 무척 풍부한 행성이에요. 하지만 우리가 마실 수 있는 물은 지구의 물 가운데 1퍼센트도 되지 않아요.

물의 순환

태양열은 강이나 바다 같은 수면을 데워요. 따뜻해진 물은 증발해서 기체로 변해요. 증발된 물이 대기로 올라가면서 차가워지면 작은 물방울로 변해 구름을 이루어요. 물방울이 모이고 모여 너무 커지면 눈이나 비, 진눈깨비, 우박이 되어 땅과 바다로 떨어지지요.

1. 강이나 바다에서 물이 증발해 대기로 올라가요.
2. 작은 물방울이 모여 구름을 이루어요.
3. 구름이 무거워지면 비가 돼요.
4. 비가 강이나 바다, 육지에 떨어져요.

바다나 해안가에서 멀리 떨어진 곳의 물은 짜지 않은 '민물'이에요. '담수'라고도 하지요.

물이 바위에서 작은 폭포를 이루며 떨어져서 웅덩이에 고여요. 야생 동물들은 깨끗하고 시원한 물웅덩이에 터전을 잡고 이곳의 물을 마시며 살아요.

강과 호수

육지에 떨어진 빗물은 강이나 호수, 시냇물, 저수지 같은 곳으로 흘러들어요. 이 물이 우리가 매일 마시고, 요리하고, 청소하고, 농작물을 기르는 데 꼭 필요한 '민물'이에요. 하지만 민물은 지구 전체에 있는 물의 약 2.8퍼센트밖에 되지 않아요. 나머지는 모두 짠 바닷물이지요.

인간과 강

강이나 호수에서 잡히는 물고기는 지역 사람들에게 소중한 식량이에요. 강에서는 배를 이용해 한 장소에서 다른 장소로 이동하거나 물건을 실어 날라요. 강과 같은 민물 자원은 농작물을 키우는 데도 쓰이지요.

인도의 갠지스강은 힌두교 신자들에게 성스러운 장소예요. 힌두교도들은 이 강에서 기도를 하거나 목욕을 하고, 죽은 사람의 재를 뿌리기도 해요.

호수의 종류

호수가 만들어지는 방식은 여러 가지예요. 북아메리카의 오대호는 빙하 시대에 빙하가 만든 호수예요. 거대한 얼음판인 '대륙 빙하'가 땅에 깊은 구멍을 냈는데, 빙하가 녹아 이 구멍을 채우면서 '빙하호'가 되었지요.

바이칼호는 2개의 판이 천천히 멀어져 틈이 생기는 '열곡'에 물이 들어차 호수가 되었어요.

아르헨티나의 로스글라시아레스 국립 공원에 있는 아르헨티노호에는 큰 얼음덩어리들이 둥둥 떠 있어요. 빙하에서 떨어져 나온 큰 얼음덩어리들이 호수 위에 떠다니는 거예요.

이탄지에서 크랜베리를 키우는 모습이에요. 수확 시기가 되면 이 늪지에 물을 채워서 물 위에 뜬 크랜베리 열매를 건져요.

알고 있나요? 러시아의 바이칼호는 전 세계에서 가장 오래되었을 뿐 아니라 가장 깊은 호수예요. 유일하게 민물에 사는 물범인 바이칼물범은 이곳에서만 볼 수 있어요.

바다

지구 표면의 약 71퍼센트를 뒤덮고 있는 바다에는 우리가 아직 알지 못하는 수백만 종의 식물과 동물이 살아가고 있어요. 또한 사람들이 식량과 물을 얻는 핵심적인 원천이고, 전 세계로 사람과 물건을 실어 나르는 운송로이기도 해요. 하지만 인류가 바다의 깊은 곳까지 탐험하게 된 건 얼마 되지 않은 일이에요.

기후 조종사

바다는 지구의 기후를 안정적으로 유지하는 데 중요한 역할을 해요. 여름이면 엄청난 양의 태양열을 흡수했다가 겨울에 내보내기 때문이지요. 그래서 지구가 겨울에는 조금 더 따뜻하고 여름에는 조금 더 시원할 수 있어요.

아기 상어가 먹잇감을 사냥하고 있어요. 상어는 바다의 먹이 사슬에서 꼭대기에 있는 최상위 '포식자'예요.

거대한 화물선이 가구나 식량, 자동차 같은 화물을 전 세계로 실어 날라요. 화물선에 꼭 맞는 특별한 컨테이너에 화물을 담아 높게 쌓아 올리기 때문에 수천 톤이나 되는 화물을 운송할 수 있어요.

바다의 층

바다는 5개의 층으로 나뉘어요.

1. 표해수대 : 깊이 200미터까지
2. 중층 원양대 : 깊이 1,000미터까지
3. 반심해 원양대 : 깊이 4,000미터까지
4. 심해 원양대 : 깊이 6,000미터까지
5. 초심해대 : 깊이 1만 1,000미터까지

'표해수대'는 수온이 따뜻하고 햇빛이 닿기 때문에 식물과 동물이 살아갈 수 있어요. 이곳에는 물고기, 거북, 돌고래, 산호초 같은 생물이 가득해요.

'중층 원양대'에는 햇빛이 희미하게 들어요. 거대한 흰긴수염고래나 오징어 등 몇몇의 동물들이 살아가요.

'반심해 원양대'에는 햇빛이 닿지 않아요. 대부분 붉은색이나 검은색을 띤 동물들이 살아요.

'심해 원양대'는 햇빛이 전혀 없고 물이 차가운 데다 수압도 높아요. 이곳에 사는 몇몇 동물들은 스스로 빛을 내는데, 이런 성질을 '생물 발광'이라고 해요.

'초심해대'는 수온이 영하에 가깝게 내려가요. 여기에서 살 수 있는 생물은 몹시 드물어요.

물고기는 수천 마리가 무리를 이루기도 해요. 물고기 떼는 종종 같은 방향으로 동시에 움직이는데, 그럴 때면 멋진 패턴을 만들어 내곤 하지요. 하지만 과학자들도 물고기들이 이렇게 움직이는 이유와 방법을 정확히 알지 못해요.

어떤 물고기들은 은빛으로 반짝여서 물속에서 쉽게 눈에 띄지 않아요.

가장 넓은 바다 알아보기

1. 태평양 : 약 1억 6,525만 제곱킬로미터
2. 대서양 : 약 1억 640만 제곱킬로미터
3. 인도양 : 약 7,492만 제곱킬로미터
4. 남극해 : 약 2,033만 제곱킬로미터
5. 북극해 : 약 1,258만 제곱킬로미터

대서양

알고 있나요? 전 세계에서 가장 큰 산호초인 오스트레일리아의 '그레이트배리어리프'는 지구 밖에서도 보일 정도로 커요.

파도와 해류

바다는 쉴 새 없이 움직이고 있어요. 바로 파도와 해류 때문이에요. 파도는 바람이 바다 수면을 스치며 불 때 생겨나는 물결을 말하는데, 먼바다에서 시작되기도 하지요. 바람만 파도를 만들어 내는 건 아니에요. 해저 지진이나 해저 화산의 분화도 파도를 일으켜요. 달과 태양의 인력도 파도에 영향을 주고요. 파도는 바닷가에 가까워지면서 속도가 느려지다가 바닷가에 부딪히면 굽이치며 잘게 부서져요. 파도는 바닷가의 지형을 만들고 바꾸는 중요한 요소이기도 해요.

파도가 바위에 계속 부딪히다 보면 바위가 깎여 침식되면서 모양이 달라져요.

언제나 움직이는 해류

해류는 계절에 따라 먼 거리를 이동하는 바닷물의 흐름을 말해요. 바람이나 밀물과 썰물, 온도 차이 같은 변화에 영향을 받아 일어나는 일이에요.

전 세계의 대표적인 해류예요. 붉은색 화살표는 '난류'를, 푸른색 화살표는 '한류'를 가리키지요. 해류는 전 세계의 기후에 영향을 주어요.

가장 높았던 파도 알아보기

1. 미국 알래스카 : 30미터
2. 노르웨이 : 25미터
3. 포르투갈 : 24미터
4. 미국 하와이 : 9미터

미국 알래스카 바다의 파도

바위가 수천 년에 걸쳐 파도에 깎여 나가면 바위의 모양뿐 아니라 바닷가의 지형 자체가 바뀌어요.

밀물과 썰물

바닷물이 바닷가 깊숙이 밀려들어 해수면이 높아졌다가 다시 바닷가를 빠져나가 해수면이 낮아지는 일이 하루에 2번씩 생기는데, 이것을 '밀물과 썰물'이라고 해요. 달의 인력이 지구의 바닷물을 끌어당기기 때문에 발생하는 현상이지요.

사리
망 지구 삭 태양

조금
상현
지구 태양
하현

'사리'는 1달에 2번씩, 그러니까 달의 모양이 보름달인 망과 달이 보이지 않는 삭일 때 일어나요. 이때 태양과 달이 지구와 일직선상에 놓이기 때문에 태양과 달의 인력이 같은 방향에서 지구를 끌어당겨요. 그래서 바닷물이 가장 높이 올라가는 '만조'와 가장 낮게 내려가는 '간조'의 차이가 가장 커요.

'조금'은 달의 모양이 반달인 상현과 하현일 때 일어나요. 태양과 지구, 달이 직각인 위치에 놓이기 때문에 달의 인력이 태양의 인력에 힘을 조금 잃어요. 이때는 밀물이 사리 때만큼 높게 차오르지 않고, 썰물도 사리 때만큼 낮게 내려가지 않아요.

알고 있나요? 바다 안에서는 '내부파'라는 파도가 쳐요. 태평양 아래에서 높이가 245미터 가까이 되는 파도가 발견되기도 했어요.

기상 체계

'날씨'는 대기와 육지, 바다가 똑같은 태양열에도 각기 다른 온도로 데워지기 때문에 일어나요. 온도 차이 때문에 대기 중의 공기 덩어리가 옮겨 다니거든요. 커다란 공기 덩어리의 온도가 일정하다면 날씨 역시 일정하겠지요. 하지만 지구의 바람이나 해류, 산간 지대의 차가운 대기, 다양한 지형들이 전부 날씨에 영향을 주기 때문에 날씨는 언제나 변화무쌍해요.

전선

'온난 전선'은 따뜻한 공기 덩어리가 차가운 공기 덩어리 위로 올라가는 곳에서 만들어져요. '한랭 전선'은 차가운 공기 덩어리가 따뜻한 공기 덩어리를 위로 밀어 올리며 나아가는 곳에서 형성되지요.

전선은 2개의 공기 덩어리가 만나는 곳에 만들어져요.

한랭 전선은 서늘한 날씨, 천둥, 번개와 비를 일으켜요.

온난 전선은 습도와 온도를 높여요.

뉴질랜드 웰링턴의 풍력 발전 단지

극단적인 날씨 알아보기

- **쿠웨이트시티(쿠웨이트)** : 전 세계에서 가장 더운 도시
- **야쿠츠크(러시아)** : 전 세계에서 가장 추운 도시
- **아스완(이집트)** : 전 세계에서 가장 건조한 도시
- **부에나벤투라(콜롬비아)** : 전 세계에서 가장 습한 도시
- **웰링턴(뉴질랜드)** : 전 세계에서 바람이 가장 세게 부는 도시

알고 있나요? 대기가 있는 곳이라면 어디든 바람이 불어요. 태양계의 행성인 해왕성에서는 풍속이 시속 1,770킬로미터도 넘는 바람이 불기도 해요.

우리는 기상 예보 덕분에 날씨를 미리 알고, 그에 맞게 대비할 수 있어요.

바람

바람은 공기의 흐름과 움직임을 말해요. 주로 공기 중에 기온 차이가 있을 때 일어나지요. 따뜻한 공기는 차가운 공기보다 가볍기 때문에 위로 올라가려고 해요. 그러면 차가운 공기는 따뜻한 공기가 자리했던 공간으로 밀려들어요. 이렇게 공기가 움직일 때 바람이 부는 거예요.

전 세계 대부분의 지역에서는 1년 중 어떤 기간에 특정한 형태의 비가 내려요. 메마른 사막 지방에도 비가 내리지요.

북극

적도

남극

'대기 대순환'은 지구 전체에 걸쳐 나타나는 거대한 공기의 흐름이에요. 지구의 자전, 적도와 극지방의 기온 차이 같은 지구 환경의 변화에 따라 일어나요.

77

강수와 폭풍

비와 눈, 우박, 안개는 모두 물이 지표면으로 떨어지는 '강수'의 형태예요. 공기가 차가워지면 대기 중의 수증기가 작은 물방울로 변하는데, 작은 물방울들이 모여 구름을 이루어요. 작은 물방울들이 점점 커져 너무 무거워지면 더 이상 대기 중에 떠 있기 힘들어요. 그러면 비가 되어 내리는 거예요. 하지만 날씨가 추울 때면 물방울이 얼음 결정이 되어 눈이나 우박으로 떨어지기도 해요. 안개는 기본적으로 구름과 같아요. 하지만 하늘 높이 떠 있는 구름과 달리 안개는 지표면 가까이 떠 있는 작은 물방울이에요. 비, 눈이나 우박은 때로 거센 바람과 함께 몰아치는 '폭풍우'가 되기도 해요.

추운 날씨에 구름 속 물방울이 육각형의 편평한 결정으로 얼어붙어요. 이 결정이 한데 모여 눈송이가 되는데, 같은 모양의 결정은 단 하나도 없어요.

천둥과 번개

폭풍우가 치는 동안에는 천둥소리가 나고 번개가 보이기도 해요. 보통은 거센 비도 내려요. 폭풍우는 매우 두껍고 어두운 '적란운'에서 발달해요. 구름 속에서 얼음과 물 입자가 부딪히면서 전기를 띠는 '전하'가 만들어지는데, 구름 속의 '음전하'가 땅이나 다른 구름의 '양전하'와 닿으면 불꽃이 일어나요. 바로 번개예요! 번개에 뒤따라 나는 커다란 소리나 낮게 우르릉거리는 소리가 천둥이고요.

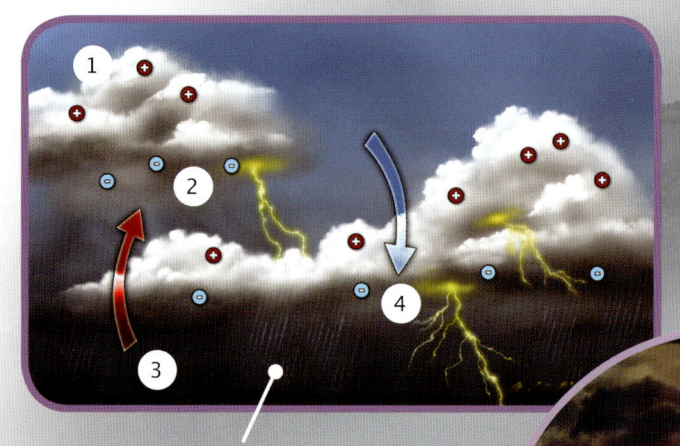

구름 속에서 얼어붙은 빗방울이 서로 부딪혀 전하를 띠게 돼요. 이때 (1) 양전하(양성자)는 구름의 꼭대기에 모이고 (2) 음전하(전자)는 땅에 더 가까운 구름 밑바닥에 쌓여요. (3) 음전하와 양전하는 서로 끌리기 때문에 (4) 땅에 양전하가 생기면 이 양전하와 구름 밑바닥에 쌓인 음전하가 서로 연결되며 번개가 쳐요.

번개가 칠 때 주변 공기가 달아올라 팽창하면서 기압 차이가 생기는데, 그에 따른 충격파가 번개가 지나갔던 길로 퍼져 나가요. 바로 천둥이에요.

가장 큰 우박 알아보기

2010년 6월, 미국 사우스다코타의 비비언에 미국 역사상 가장 큰 우박이 떨어졌어요. **폭이 약 20센티미터에다 둘레가 47센티미터도** 넘었어요.

커다란 우박

알고 있나요? 천둥소리는 약 15킬로미터 떨어진 곳까지 퍼질 수 있고, 번개는 시야가 탁 트여 있는 날이라면 160킬로미터 떨어진 곳에서도 볼 수 있어요!

눈보라가 치면 눈보라에 앞이 흐려져 멀리 있는 사물이 잘 보이지 않아요.

구름의 종류

날씨에 따라 다양한 형태의 구름이 만들어져요. 지면 가까이 뜨는 구름이 있는가 하면 하늘 높이 뜨는 구름도 있어요. 구름의 모양이나 높이를 살피면 이후의 날씨를 예측할 수 있지요.

1

2

3

눈보라는 무척 강한 바람에 날려 휘몰아치는 눈을 말해요. 따뜻한 공기가 땅 가까운 곳에 있는 얼어붙을 듯 차가운 공기를 타고 오를 때 눈보라가 일어요.

1. '고적운'은 중간 높이에 뜨는 양떼구름이에요.
2. '층운'은 땅 가까이 낮게 뜨는 구름이에요.
3. '적란운'은 강한 비와 폭풍우를 몰고 와요.
4. 뭉게구름인 '적운'은 주로 무더운 여름에 생겨요.

4

홍수와 가뭄

비가 너무 많이 내리면 강이나 호수의 물이 육지로 넘쳐 흘러 들어오기도 해요. 열대 지방인 인도와 동남아시아에서는 '몬순'이라는 계절풍이 불며 거센 비가 내려 홍수가 나기도 해요. 이 비는 농작물이 자라는 데 꼭 필요한 물을 공급하기도 하지요. 하지만 홍수가 심하면 농작물이나 집에 피해를 주고 사람과 동물의 목숨도 위험해져요. 한편 가뭄은 홍수와 정반대의 일이에요. 비가 오랫동안 내리지 않고 건조한 날씨가 계속되지요. 홍수처럼 가뭄도 인간과 동식물의 삶을 위협하는 자연재해예요. 그런데 전 세계적으로 홍수와 가뭄 같은 재해가 더 잦아지고 있어요. 인간의 활동으로 기후 변화가 일어나고 있기 때문이지요.

> 태국에서 자원봉사자들이 사람들의 재산과 반려동물이 홍수에 떠내려가지 않도록 배에 태워 두고 있어요.

홍수를 막는 방법

사람들은 비가 많이 와도 강물이 흘러넘치지 않도록 제방이나 둑을 쌓아요. 또 강물의 흐름을 조절하기 위해서 커다란 방벽인 댐을 쌓지요. 그러면 넘치는 물이 저수지나 호수에 모이거든요. 강이나 호수에서 넘쳐흐르는 물의 방향을 바꾸기 위해 '방수로'라는 물길을 만들기도 해요.

> 국토가 해수면보다도 낮은 네덜란드에는 전 세계에서 가장 큰 이동 방벽이 있어요. 보통은 수문을 열어 두지만 홍수가 나면 한꺼번에 수문을 닫아 물이 흘러들지 않게 막아요.

가장 거셌던 비 알아보기

인도의 체라푼지는 몬순 기간이면 지구에서 가장 습한 장소로 변해요. 전 세계에서 가장 많은 비가 내리거든요. 1995년, 체라푼지에는 **이틀** 동안 무려 **2,493밀리미터**의 비가 내렸어요.

체라푼지

알고 있나요? 사막에서는 목이 말라 죽는 사람보다 물에 빠져 죽는 사람이 많아요. 사막에 갑자기 많은 비가 내리면 모래가 물을 미처 다 흡수하지 못해 빗물이 흘러넘치거든요.

열대 몬순 기후의 우기는 6월에서 9월까지 이어지는데, 큰 비가 내려 피해를 주기도 해요. 이때 수천 명이 목숨을 잃고 수백만 명의 이재민이 생기지요.

홍수로 넘쳐흐르는 물이 쓰레기나 분뇨, 공장의 화학 물질에 오염되면 인간과 동물의 건강에 심각한 피해를 줘요.

가뭄과 기아

비가 충분히 내리지 않으면 가뭄이 발생해요. 강과 시냇물이 말라붙어 마실 물이 부족해지고, 논밭에 물을 주지 못해서 농작물도 죽어요. 가축도 물이나 식량을 충분히 공급받지 못해 목숨을 잃을 수 있어요. 그러면 사람들도 먹을거리가 모자라 고통받게 되지요.

인공적으로 만들어진 커다란 물웅덩이나 호수를 '저수지'라고 해요. 이 저수지는 물이 말라서 바닥이 쩍쩍 갈라졌어요.

토네이도

'토네이도'가 어떻게 만들어지는지는 사실 정확하게 알려져 있지 않아요. 하지만 과학자들은 대기 중에서 주변보다 기압이 낮은 '저기압' 때문에 토네이도가 만들어진다고 생각해요. 주변 공기가 저기압 지역으로 빨려 들어가 위로 올라가면서 강한 '상승 기류'가 생기고, 상승 기류가 뱅글뱅글 회전하며 위로 올라가는 회오리바람으로 발전하는 거예요. 회오리바람이 점점 빠르게 회전하면서 강력한 토네이도가 되지요.

위험 경보!

땅 위를 휩쓸며 지나는 토네이도는 길목에 놓인 온갖 것들을 들어 올려 날려 버려요. 토네이도는 대부분 미국의 대평원에서 발생하는데, 이 때문에 미국의 대평원을 '토네이도의 길목'이라고도 해요.

토네이도는 지면에서 구름까지 수직으로 길게 이어져요. 회오리바람과 비슷하지만 훨씬 강력하지요.

토네이도는 자동차나 집을 부수고 날려 버려요. 지나가는 길목에 있는 모든 걸 파괴하지요.

토네이도의 세기는 '후지타-피어슨 등급'으로 나타내요. EF0에서 EF5까지의 등급이 있는데, EF5가 가장 강하고 파괴력이 큰 토네이도예요.

가장 강력했던 토네이도 알아보기

1925년, 미국 역사상 가장 크고 무시무시했던 토네이도 '트리스테이트'가 발생했어요. 이 토네이도는 무려 **352킬로미터**를 이동하면서 미주리, 일리노이, 인디애나 지역을 덮쳤어요. 그때 **695명**이 목숨을 잃었지요.

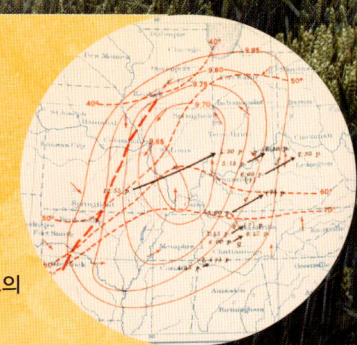

트리스테이트의 이동 경로

알고 있나요? 지구에서 가장 빠른 바람은 토네이도에서 불어요. 무려 시속 512킬로미터의 바람이 기록된 적도 있어요.

회오리치는 공기 기둥인 토네이도는 땅 위를 훑고 지나가면서 먼지와 잔해를 끌어당겨요.

토네이도의 바닥은 폭이 최대 수백 미터에 이르러요. 보통은 그보다 훨씬 작지만요. 어떤 토네이도는 몇 시간에 걸쳐 이어지지만 겨우 몇 분 동안 불다 그치는 토네이도도 있어요.

토네이도를 뒤쫓는 '스톰 체이서'

토네이도의 진행 방향을 따라 뒤쫓는 사람들이 있어요. '스톰 체이서'라고 불리는 이들은 재미를 위해 토네이도를 쫓으며 사진과 동영상을 찍어요. 토네이도에 대해 더 많이 알아내려고 뒤쫓는 과학자들도 있고요.

이 트럭의 지붕에는 '도플러 레이더'가 달려 있어요. 기상 신호를 수집해 토네이도가 어디에서 시작되었는지 알 수 있는 장치예요.

열대 저기압

'열대 저기압'은 주로 여름에 적도 부근의 바다에서 시작되는 기상 현상이에요. 발생하는 지역에 따라 태풍, 사이클론, 허리케인으로 불리지요. 열대 저기압이 육지에 도달하면 많은 피해가 일어나요. '폭풍의 눈'이라고 불리는 열대 저기압의 한가운데는 고요하고 구름도 없지만 바깥쪽에는 강한 비바람이 소용돌이치기 때문이지요.

열대 저기압이 일으키는 재난

열대 저기압은 따뜻하고 습한 공기를 빨아들이며 소용돌이쳐, 허리케인의 경우 풍속이 최대 시속 252킬로미터까지 빨라져요. 열대 저기압은 홍수를 일으켜 인간과 동물의 생명을 위협하고, 집을 부수고, 농작물을 파괴해요.

열대 저기압이 오면 사람들은 살던 집에서 빠져나와 안전한 장소로 대피해요. 결국 많은 사람이 집을 잃고 이재민이 되지요.

대부분의 열대 저기압은 바닷물의 온도가 가장 높은 늦여름에 만들어져요.

'보퍼트 풍력 계급'은 풍속에 기초해서 바람의 세기와 주변에 미치는 영향을 측정해 13단계로 분류해요.

0 고요
풍속이 시속 1킬로미터 미만인 바람으로, 연기가 수직으로 똑바로 올라가요.

1 실바람
시속 1~5킬로미터의 가벼운 바람이에요. 연기가 바람이 부는 방향으로 흩날려요.

2 남실바람
시속 6~11킬로미터의 가벼운 바람이에요. 바람이 느껴지고, 나뭇잎이 바스락거려요.

3 산들바람
시속 12~19킬로미터의 부드러운 바람이에요. 나뭇잎과 작은 나뭇가지가 계속해서 흔들려요.

4 건들바람
시속 20~28킬로미터의 바람이 불어 먼지가 일고 종이가 펄럭거리며 작은 나뭇가지들이 흔들려요.

5 흔들바람
시속 29~38킬로미터의 상쾌한 바람이에요. 나무에 달린 잎사귀들이 흔들리고, 강이나 호수에 작은 물결이 일어요.

6 된바람
시속 38~49킬로미터의 강한 바람이 불어 커다란 나뭇가지가 흔들리고, 우산을 들고 있기가 어려워져요.

최악의 허리케인 알아보기

1988년, 최악의 허리케인이 발생했어요. **허리케인 '미치'**가 중앙아메리카를 강타해 벨리즈, 엘살바도르, 과테말라, 온두라스, 니카라과 등을 관통한 거예요. 빗물 때문에 엄청난 홍수가 나고 사방이 진흙탕으로 변했어요. 이때 **1만 1,000여 명**이 목숨을 잃었고, 이재민은 수백만 명에 이르렀지요.

허리케인 미치

열대 저기압의 형성

열대 저기압은 (1) 따뜻하고 습한 해수면 위에서 상승하는 공기 덩어리들이 구름을 이루고 합쳐지면서 만들어져요. (2) 이 구름들이 빙글빙글 돌며 모여 거대한 나선형의 소용돌이가 되지요. 바로 열대 저기압이에요. (3) 열대 저기압의 가장자리에서는 덥고 습한 공기가 상승하고, 중심부인 '폭풍의 눈'에서는 건조한 공기가 가라앉아요.

1　2　3

안쪽으로 부는 바람, 폭풍 한가운데의 저기압, 거센 비가 열대 저기압의 특징이에요.

거대한 적란운이 대기권에 우뚝 솟아올라 거센 비와 번개를 일으켜요. 열대 저기압이에요!

센바람
시속 50~61킬로미터의 돌풍이에요. 나무 전체가 흔들리고, 바람을 마주하고 걷기가 어려워요.

큰바람
시속 62~74킬로미터의 돌풍에 나뭇가지가 꺾여 나가고, 밖에서 걷기가 어려워요.

큰센바람
시속 75~88킬로미터의 강한 돌풍으로, 굴뚝 꼭대기의 송풍관과 지붕의 슬레이트가 망가질 수도 있어요.

노대바람
시속 89~102킬로미터의 폭풍에 나무가 뿌리째 뽑히고 건물이 부서질 수 있어요.

왕바람
시속 103~117킬로미터의 거센 폭풍으로, 광범위한 피해가 일어나요.

싹쓸바람
시속 118킬로미터 이상의 허리케인이에요! 그야말로 재난이 일어나요.

7　8　9　10　11　12

기상 예보

'기상학'은 날씨를 관찰하고 측정해 기상 현상을 더 잘 이해하는 동시에 날씨와 기후의 변화를 예측하는 학문이에요. 기상학자들은 기상 관측소나 대기권 높이 띄운 기상 관측 기구, 인공위성에서 날씨와 기후에 대한 다양한 자료를 수집해요. 전 세계 곳곳에 세워진 기상 관측소에서 강우량을 측정하고 햇빛이 비치는 시간, 기온, 기압, 풍속 등 그 지역의 날씨에 대한 정보를 모으는 거예요. 기상학자들은 며칠의 날씨를 관찰하고 예측하는 일을 넘어, 반복적으로 그리고 점점 더 자주 일어나는 홍수와 가뭄, 열대 저기압 같은 자연재해와 인류 및 지구 전체를 위협하는 기후 변화에 대응할 방법을 찾고 있어요. 물론 기후 변화를 막으려면 우리 모두가 힘을 모아야 하지요.

기상 데이터

다양한 방법으로 모은 기상 자료들은 컴퓨터에 입력돼 날씨의 변화를 예측하는 데 활용돼요. 지금은 일주일 정도까지는 꽤나 정확하고 자세한 기상 예보를 알 수 있어요. 하지만 날씨는 변화무쌍해서 계속 바뀌어요. 기상 예보는 날씨의 변화에 먼저 대비해야 하는 농업과 어업에 꼭 필요해요.

이 기상 관측소에서는 (1) 태양 전지의 에너지를 이용해 (2) 햇빛이 비치는 시간과 강우량을 기록해요. (3) 바람의 세기와 방향을 기록하는 풍속계도 있어요.

'극궤도 기상 위성'은 극지방의 궤도를 따라 움직여요. 북극과 남극을 가로지르며 지구를 도는 거예요.

기상 관측 기구에 장비를 매달아 올려 습도, 풍속, 온도 같은 데이터를 측정하고 기록해요.

NOAA-20호에는 앞으로 7년간의 데이터를 저장할 수 있는 센서가 달려 있어요.

극궤도 기상 위성 알아보기

미국의 극궤도 기상 위성 **'NOAA-20호'**는 지구를 하루에 **14번**, 약 **100분에 1바퀴씩** 돌아요. 한쪽 극에서 다른 쪽 극까지 가로지르며 고도 **약 824킬로미터**에서 지구를 공전하고 있지요. 그리고 **하루에 2번씩** 과학자들에게 지구 전체에 대한 데이터를 전송해요.

궤도를 도는 극궤도 기상 위성

지구를 구하는 위성

극궤도 기상 위성은 극단적인 날씨와 기후 변화를 살펴보기 위해 우주에서 사용되는 최첨단 기술이에요. 기상학자들은 수집된 데이터를 활용해 허리케인처럼 무시무시한 기상 현상이 언제 발생하는지 예측할 수 있어요.

'일기도'는 선과 화살표, 기호를 이용해 예상되는 날씨를 보여 주는 지도예요.

기상 캐스터나 과학자 들은 극궤도 기상 위성이 수집한 데이터로 날씨가 어떻게 변하는지 살펴봐요.

알고 있나요? 1861년, 영국에서 전 세계 최초로 신문에 기상 예보가 실렸어요. 1911년에는 강풍과 폭풍을 미리 알려 주는 해상 기상 예보가 라디오에서 흘러나왔지요.

제5장 기후와 서식지

기후대

'기후'는 오랜 시간에 걸쳐 한 지역에 나타나는 전반적인 날씨예요. 비슷한 기후를 보이는 지역을 묶어 '기후대'로 나누는데, 크게 적도 지역의 열대 기후, 남극과 북극 인근의 한대 기후, 그 사이의 온대 기후가 있어요. 또 한대 기후 지역과 온대 기후 지역 사이에 나타나는 냉대 기후도 있지요. 같은 기후를 공유하는 생물들의 서식지를 '생물 군계'라고 해요.

> 큰곰은 북아메리카와 유라시아의 냉대림에서 볼 수 있어요. 겨울에는 곰의 털이 10여 센티미터까지 길고 두껍게 자라요.

생물 군계

계절에 따른 기온과 일조량, 강수량의 차이가 서로 다른 생물 군계를 만들어요. 냉대림은 북극의 남쪽 지역에서 발견되고, 열대 기후에서는 '열대림'이 나타나요. 하지만 생물 군계에 명확한 경계가 있는 건 아니에요. 때로는 시간이 지나면서 하나의 생물 군계가 다른 생물 군계로 천천히 바뀌기도 해요.

> 전 세계 육지를 같은 기후를 가지는 9개의 생물 군계로 나눈 지도예요. 각각의 생물 군계는 다시 더 작은 생물 군계로 나뉘어요.

- 온대림
- 냉대림(타이가)
- 온대 초원
- 지중해성 관목 지대
- 열대림
- 사막
- 산
- 툰드라
- 극지방

냉대림 알아보기

- **면적**: 약 19만 제곱킬로미터
- **위치**: 캐나다, 미국 알래스카, 러시아, 스칸디나비아반도의 나라들
- **기온**: 영하 50도~25도
- **자라는 나무들**: 가문비나무, 전나무, 낙엽송 등
- **서식하는 포유동물**: 큰곰, 늑대, 스라소니, 순록, 말코손바닥사슴, 비버, 미국밍크 등

러시아 시베리아 지역의 알타이산맥

물속 생물 군계

강, 호수, 연못, 시냇물, 습지대는 대부분 '담수 생물 군계'예요. 짠물이 있는 '해양 생물 군계'에는 바다와 만나는 강어귀, 바닷가, 산호초 그리고 깊이가 다양한 바다의 여러 구역이 있지요. 각각의 생물 군계는 환경과 조건이 모두 달라요.

냉대 기후 지역의 '냉대림'에서는 주로 침엽수가 자라요. 침엽수의 잎은 바늘 모양이라 나무에서 증발하는 물의 양을 줄일 수 있어요. 또 가지가 처져 있어서 눈을 떨구기 쉽지요.

얕은 바다의 산호초 안에는 엄청나게 많은 생물들이 살고 있어요.

큰곰의 새끼는 2~3년 동안 어미와 함께 지내요. 그다음부터는 혼자 살아야 하지요.

억센 고사리는 겨울에 시들지만 여름이 되면 다시 숲을 뒤덮어요.

알고 있나요? 냉대림은 '타이가'라고도 불려요. 번식기가 되면 숲속에 곤충이 풍부해져 숲솔새 등 많은 새들이 숲을 찾아와 둥지를 짓지요.

기후 변화

기후가 변하고 있다는 이야기는 여러분도 많이 들었을 거예요! 지구가 지난 65만 년 동안 약 7번 정도 크게 추워졌다가 따뜻해지기를 반복하면서 빙하도 커졌다가 줄어들곤 했어요. 하지만 지금의 변화는 인간의 활동 때문에 일어나고 있어요. 1880년대 이후로 지표면의 평균 온도는 약 1도 정도 상승했지요.

인간의 활동

기후 변화를 일으키는 가장 큰 원인은 화석 연료예요. 사람들이 석탄이나 천연가스, 석유 같은 화석 연료를 태우면 이산화탄소가 나오는데, 이산화탄소 속 탄소는 태양열이 빠져나가지 못하게 가두어 지구의 온도를 높이지요. 이를 '온실 효과'라고 해요.

이산화탄소를 흡수하는 나무는 지구를 건강하게 지키기 위해 꼭 필요해요. 하지만 사진 속 보르네오섬처럼 사람들은 농사를 짓거나 가축을 기를 땅을 얻기 위해 드넓은 숲에서 나무를 베어 내요.

해수면 상승

과학자들은 우리가 지금처럼 계속 화석 연료를 사용한다면 이번 세기 동안 전 세계 해수면이 0.6미터에서 1.1미터까지 올라갈 거라고 예측해요. 지구 온난화로 수온이 상승하면 물이 팽창하기 때문이에요. 게다가 빙하와 극지방의 얼음이 녹아 바다에 흘러들어 해수면이 더 높아져요.

해수면이 계속 높아지면 인도양의 몰디브를 이루는 1,192개의 저지대 산호섬들이 대부분 이번 세기 안에 물속으로 가라앉을 거예요.

북아프리카의 사하라 사막은 지구에서 가장 넓고 뜨거운 모래사막이에요.

식물이 사막에서 살아남는 법

사막에서 자라는 식물은 잎을 통해 증발되는 물의 양을 줄이도록 진화해 왔어요. 그래서 뾰족한 풀과 비늘처럼 작은 잎을 가진 관목, 두툼한 잎에 물을 저장하는 다육 식물이 주로 자라지요. 선인장은 줄기와 몸통에 물을 저장하고, 잎 대신 얇은 가시가 나 있어요.

사와로 선인장은 미국 남서부의 소노란 사막과 그 인근에서만 발견돼요. 최고 20미터까지 자라기도 하지요.

사하라 사막에 사는 유목민인 투아레그족 중에는 여전히 전통 생활 방식대로 살아가는 사람들이 있어요. 먼 거리를 이동하는 상인들에게 길을 안내하고 염소나 양, 소, 낙타를 기르지요.

사막에 가끔 비가 내릴 때면 꽃이 가득 피어나요. 식물들은 비가 내리는 몇 주 안에 쑥쑥 자라서 꽃을 피우고 열매를 맺어요. 그렇게 만들어진 씨앗은 다시 비가 내려 싹을 틔울 수 있기를 기다리지요.

낙타의 혹에 저장되어 있는 지방은 식량이 부족할 때 에너지원으로 쓰여요. 낙타는 입술이 두꺼워서 가시로 뒤덮인 사막 식물을 먹을 수 있어요.

낙타는 모래사막에서 잘 지낼 수 있도록 적응해 왔어요. 귀에 난 털과 긴 속눈썹, 여닫을 수 있는 콧구멍이 모래가 몸속으로 들어가지 않게 막아 줘요.

알고 있나요? 칠레의 아타카마 사막은 지구에서 가장 건조한 사막이에요. 이 사막의 한 지역은 비가 내린 기록이 전혀 없어요.

초원

초원은 추운 북쪽 지역에서 더운 열대 지역까지 전 세계에 퍼져 있어요. 아프리카와 오스트레일리아의 '사바나'는 따뜻한 열대 초원이고, 유라시아의 '스텝', 북아메리카의 '프레리', 남아프리카의 '펠트', 남아메리카의 '팜파스'는 그보다 서늘하고 습한 온대 초원이에요.

초원에 사는 동물들

초원에는 다양한 동물이 살아요. 야생 양이 산간 지대의 초원을 기어오르고, 아프리카의 사바나에서는 기린과 얼룩말, 영양이 풀을 뜯지요. 하지만 사람들이 초원을 농경지나 가축을 키울 땅으로 바꾸면서 드넓은 초원이 파괴되고 있어요.

남아메리카의 초원인 팜파스에서 큰개미핥기가 냄새로 흰개미의 집을 찾고 있어요. 큰개미핥기는 날카로운 발톱으로 개미집을 헤친 뒤 길고 끈적이는 혀로 흰개미를 핥아 먹지요.

가장 넓은 초원 알아보기

1. **사바나** : 아프리카, 약 1,290만 제곱킬로미터
2. **프레리** : 북아메리카, 약 360만 제곱킬로미터
3. **팜파스** : 남아메리카, 약 76만 제곱킬로미터
4. **스텝** : 유라시아 중부 지역인 다뉴브강 하구에서 태평양 근처까지 약 8,000킬로미터에 걸쳐 펼쳐져 있어요.

남아메리카의 팜파스

숫자로 기후 변화 알아보기

약 35퍼센트 : 1760년에서 2020년까지 증가한 이산화탄소 배출량 증가율

2016년 : 부탄이 전 세계 최초로 산소보다 탄소를 적게 배출한 나라가 된 해

약 89퍼센트 : 인간의 활동으로 발생한 탄소 가운데 화석 연료를 태워 발생한 탄소의 비율

약 10만 제곱킬로미터 : 매년 파괴되는 숲의 면적

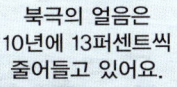
부탄의 풍경

북극의 얼음은 10년에 13퍼센트씩 줄어들고 있어요.

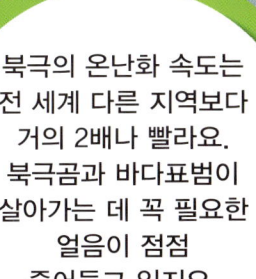

북극의 온난화 속도는 전 세계 다른 지역보다 거의 2배나 빨라요. 북극곰과 바다표범이 살아가는 데 꼭 필요한 얼음이 점점 줄어들고 있지요.

북극곰은 바다에 뜬 얼음 위에서 살아요. 이 얼음이 녹으면 북극곰들은 먹잇감인 바다표범을 잡기 위해 또다시 먼 곳으로 옮겨 가야 해요.

알고 있나요? 미국 몬태나의 글래이셔 국립 공원에는 1850년경에 80개의 빙하가 있었어요. 하지만 2015년에는 크기 0.1제곱킬로미터 이상의 빙하가 고작 26개뿐이었지요.

사막

사막은 연평균 강수량이 250밀리미터도 되지 않아 지구에서 가장 메마른 장소예요. 적도에 가까운 사하라 사막은 1년 내내 무더워요. 하지만 적도에서 멀리 떨어진 사막은 항상 춥기도 해요. 어떤 사막에는 모래가 아니라 자갈이나 암석, 눈이 있기도 하지요.

사막에 바람이 불면 모래 위에 물결무늬나 모래 언덕인 '사구'가 생겨요. 사하라 사막의 모래는 불그스름한 황금빛이에요.

사막에 사는 동물들

사막에는 아무도 살지 않을 것 같지만 그렇지 않아요. 사막에 사는 많은 곤충과 작은 파충류, 포유류 들은 밤에 활동하고, 낮에는 더위를 피해 굴에 숨어 있지요. 주변의 습기를 최대한 이용할 수 있는 특별한 능력이 있기도 해요.

지금도 몇몇 상인들은 낙타에 물건을 싣고 사하라 사막을 지나다녀요. 물론 대부분은 트럭이나 비행기를 이용하지요.

아라비아오릭스는 물이 없어도 몇 주나 살 수 있어요. 멀리서 내리는 비를 알아차릴 수도 있지요. 하얀 털은 뜨거운 햇볕을 반사해 체온을 유지하는 데 도움을 줘요.

가장 넓은 사막 알아보기

1. **남극** : 약 1,420만 제곱킬로미터
2. **북극** : 약 1,390만 제곱킬로미터
3. **사하라 사막** : 약 920만 제곱킬로미터
4. **아라비아 사막** : 약 233만 제곱킬로미터
5. **고비 사막** : 약 130만 제곱킬로미터

남극 대륙

유라시아의 스텝

스텝은 비교적 건조한 지역에서 나타나는 초원 지대를 모두 일컫지만, 특히 시베리아와 중앙아시아 지역에 약 8,000킬로미터에 걸쳐 펼쳐진 온대 초원을 말해요. 전통적으로 스텝에 사는 사람들은 소와 양, 염소를 키워 생계를 꾸렸어요. 맨 처음 말을 길들여서 타고 다닌 것도 이곳 사람들이었지요. 또한 스텝은 석기 시대부터 유럽과 아시아 사람들이 교역하는 통로가 되어 주었어요.

스텝은 뜨거운 여름에는 따뜻하고, 추운 겨울에는 서늘해요. 야생말들은 몽고의 서늘한 스텝을 돌아다니며 풀을 뜯어요.

아프리카들소들이 물을 마시는 웅덩이 주변에 모여 있어요. 사람들은 지금까지도 아프리카들소를 길들이지 못했어요.

들소 떼는 물을 찾아 돌아다니지만 20킬로미터 이상은 이동하지 않아요. 물이 부족한 곳에 사는 들소들은 보통 우기에 짝짓기를 하지요.

알고 있나요? 캐나다에 드넓게 펼쳐져 있던 프레리의 70퍼센트 이상이 농경지나 산업용 토지로 바뀌었어요.

숲

1년 내내 뜨거운 적도 근처에는 다양한 크기와 높이의 나무와 풀이 빽빽하게 자라는 '열대림'이 만들어져요. 온대 지역의 숲인 '온대림'은 그보다 서늘하고 사계절이 나타나며, 열대림의 위아래로 퍼져 있지요. 온대림보다 더 추운 지역에 만들어지는 냉대림은 극지방 가까이까지 펼쳐져요. 숲은 육지에 사는 동식물의 4분의 3이 살아가는 터전이지요.

숲에 자라는 나무들

활엽수는 잎이 넓고 편평하며 씨앗이 열매 안에 들어 있어요. 침엽수는 겨울이 유난히 추운 지역에서 자라고, 잎이 얇고 뾰족해요. 잎의 모양 덕분에 수분을 아껴 눈 속에서도 살아남을 수 있지요. 침엽수의 씨앗은 솔방울처럼 원뿔 모양인데, 건조할 때면 단단한 비늘 같은 껍질이 벌어져요.

짖는원숭이는 약 5킬로미터 떨어진 곳에서도 들릴 만큼 소리를 크게 지를 수 있어요.

숲에 큰불이 빠르게 번지면 동식물의 서식지가 파괴되고, 사람과 동물 모두 집을 잃어요. 하지만 작은 불에 식물이 병들거나 죽으면 숲에 햇빛이 보다 잘 들기 때문에 새로운 식물이 더 많이 자라게 돼요.

산간 지대의 숲

열대 산간 지역의 숲에는 다양한 동물들이 살아요. 아프리카에는 고릴라가 살고, 남아메리카에는 재규어가 살지요. 눈이 오는 추운 곳이나 높은 산간 지대에는 나무가 더 이상 자라지 못하는데, 이 경계를 '수목 한계선'이라고 해요. 수목 한계선 위로는 너무 춥거나 바람이 많이 불어서 나무가 살지 못하지요.

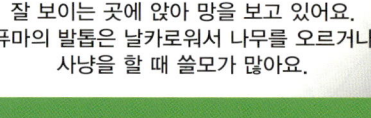

남아메리카의 숲속에 사는 퓨마가 주변이 잘 보이는 곳에 앉아 망을 보고 있어요. 퓨마의 발톱은 날카로워서 나무를 오르거나 사냥을 할 때 쓸모가 많아요.

알고 있나요? 열대림의 나무들은 키가 크고 빽빽하게 자라요. 그래서 숲의 맨 꼭대기에 내려앉은 빗방울이 숲 바닥에 닿는 데 10분이나 걸려요.

원숭이, 나무늘보 같은 동물들은 나무를 타고 여기저기로 이동해요. 많은 원숭이 종이 거의 나무 위에서만 살고 땅에는 잘 내려오지 않아요.

신세계원숭이들은 긴 꼬리를 팔다리처럼 써요. 꼬리를 나뭇가지에 감고 매달린 뒤 그네를 타듯이 흔들며 몸을 날려 숲속을 돌아다니지요.

멸종 위기의 열대림 동물 알아보기

동부고릴라 : 멸종 위급 생물종, 약 2,600마리
수마트라오랑우탄 : 멸종 위급 생물종, 약 1만 4,000만 마리
자바코뿔소 : 멸종 위급 생물종, 약 60마리
아시아코끼리 : 멸종 위기 생물종, 약 5만 마리
침팬지 : 멸종 위기 생물종, 최대 약 30만 마리

아시아코끼리

극지방

극지방은 살을 에는 듯한 거센 바람과 낮은 기온, 긴 겨울 때문에 살기 힘든 곳이에요. 극지방 중에서도 북아메리카의 북쪽 지역과 유럽, 아시아에 둘러싸인 북극해 지역을 '북극권'이라고 해요. '남극권'은 남극 대륙의 대부분과 태평양, 대서양, 인도양의 남쪽 바다를 아우르지요.

1년 내내 얼음으로 뒤덮인 바다

북극해에는 거의 1년 내내 얼음이 떠 있어요. 북극의 육지에는 녹지 않고 계속 얼어 있는 땅인 '영구 동토대'와 북극해 연안의 넓은 벌판인 '툰드라'가 있지요. 남극 대륙도 대부분 1년 내내 얼음으로 뒤덮여 있어요.

> 남극의 얼음은 빠른 속도로 녹고 있어요. 22세기 무렵에는 남극 대륙 전체가 사라질지도 몰라요.

영구 동토대에서는 나무가 뿌리를 내리지 못해요. 툰드라에는 작은 관목들만 살 수 있지요. 이 관목들은 짧은 여름철에 꽃을 피워요.

멸종 위기의 북극 동물 알아보기

에스키모쇠부리도요 : 멸종 위급 생물종. 이미 멸종했을 수도 있어요.

흰올빼미 : 멸종 취약 생물종. 약 2만 8,000마리

북극곰 : 멸종 취약 생물종. 최대 3만 1,000마리

바다코끼리 : 멸종 취약 생물종. 약 22만 5,000마리

그린란드상어 : 멸종 취약 생물종. 개체 수는 알려져 있지 않아요.

바다코끼리

98

무리 생활

툰드라 지대에 사는 순록이나 카리부는 여름이면 무리를 지어 이동해요. 수백 마리가 한 무리를 이루지요. 카리부는 사슴과 동물 가운데 가장 먼 거리를 이동하는데, 북쪽으로 1,000킬로미터 가까이 이동하기도 해요. 새끼를 낳아 기르기에 적합한, 먹이가 풍부한 곳을 찾아 떠나는 거예요.

카리부의 털은 2개의 층을 이루고 있어요. 바깥쪽 털은 빨대처럼 속이 비어 있어서 추위를 막는 단열재 역할을 해요.

남극 대륙은 기온이 영하 89.2도까지 떨어진 적도 있어요.

남극 대륙에는 턱끈펭귄, 아델리펭귄, 황제펭귄 그리고 젠투펭귄이 살아요. 그 가운데 젠투펭귄이 가장 따뜻한 북쪽에 살아요.

젠투펭귄은 펭귄 가운데 가장 빠르게 헤엄쳐요. 얼음처럼 차가운 물속을 약 시속 35킬로미터로 빠르게 가르며 크릴새우 같은 갑각류를 잡아먹지요.

알고 있나요? 북극 지방에 약 400만 명의 사람들이 살고 있어요. 대부분은 이누이트족, 사미족, 사모예드족 등 40개가 넘는 부족의 원주민들이에요.

습지

'습지'는 물이 들어차서 얕게 고인 물웅덩이나 축축하게 젖은 땅이에요. 남극 대륙을 뺀 모든 대륙에서 발견되는 지형으로, 다양한 야생 동식물이 사는 터전이지요. 아열대의 바닷가나 하구 습지에 자라는 '맹그로브 숲', 늪, 수렁, 늪과 연못에 둘러싸인 습한 땅인 '소택지'가 모두 습지예요. 토탄이 퇴적된 '이탄지'는 전 세계 습지의 절반 정도를 차지해요.

깨끗하고 신선한 서식지

습지는 홍수를 막는 데 큰 역할을 해요. 또 다양한 동물들이 모여드는 서식지이기도 하지요. 하지만 습지는 경작이나 건축, 환경 오염으로 위기에 처해 있어요. 가끔은 공장에서 내보내는 오염된 물을 처리하려고 인공 습지를 만들기도 해요.

미국 플로리다의 습지에서 악어들이 햇볕을 쬐고 있어요. 악어는 체온이 일정하지 않은 '변온 동물'이기 때문에 체온을 조절하려면 외부의 열기가 필요해요.

땅과 바다가 만나는 습지

모래사장, 바위 사이의 물웅덩이, 맹그로브 숲 그리고 해안 절벽은 모두 땅과 바다가 만나는 곳이에요. 밀물 때문에 주기적으로 바닷물에 잠기는 습지도 있어요.

1. 게가 축축한 모래사장 위를 종종 걸어가고 있어요.
2. 썰물 때면 우묵한 바위 틈새에 고인 물웅덩이에 멋진 불가사리가 모습을 드러내요.
3. 대서양퍼핀은 해안 절벽에서 새끼를 키우며 먹잇감을 사냥해요.

수컷 왜가리는 짝짓기 철에 머리에 드리워진 깃털을 이용해 암컷을 유혹해요. 이 깃털을 머리 위로 바짝 세울 수도 있지요.

왜가리과의 '코코이헤론'은 남아메리카의 습지에 살며 물고기와 개구리, 물속 곤충을 잡아먹어요. 덤불이나 갈대밭 안에 둥지를 짓지요.

'수생 식물'은 물속이나 물가에 자라는 식물이에요. 산소를 만들고, 야생 동물의 먹이와 물고기들이 몸을 숨기는 은신처가 되어 줘요.

세계의 습지 알아보기

가장 넓은 습지 : 남아메리카의 판타나우, 면적 약 16만 제곱킬로미터

가장 넓은 맹그로브 숲 : 남아시아의 순다르반스, 면적 약 1만 제곱킬로미터

가장 넓은 갈대밭 : 유럽의 다뉴브강 하류와 다뉴브 삼각주, 면적 약 7,300제곱킬로미터

순다르반스의 맹그로브 숲

알고 있나요? 땅에서 자라는 식물처럼 수생 식물 가운데에도 우리가 먹을 수 있는 것들이 있어요. 남방개, 공심채, 물냉이, 연꽃이 그렇지요.

동굴

깊고 넓은 굴인 동굴은 다양한 방식으로 만들어져요. 석회암이 물에 녹으면 동굴이 만들어지는데, 빗물이나 지하수가 한 방울씩 떨어져 암석을 녹이기 때문이에요. 가끔은 강물에 암석이 닳아 동굴이 되기도 해요. 파도가 절벽을 끝없이 철썩철썩 치면 바닷가에도 동굴이 만들어지지요. 이렇게 동굴이 만들어지는 데는 수십만 년이 걸려요. 또 용암이 빠져나간 자리에 동굴이 생기기도 해요.

동굴에 사는 동물

대부분의 동굴은 어둡고 습해서 식물이 거의 살지 못해요. 반면 동굴 환경에 적응해서 살아가는 동물들은 꽤 많아요. 유럽에 사는 굴왕거미는 빛을 견디지 못해 동굴 속에서 살아요. 또 빗물에 패인 구멍 속에서 지내기를 좋아하는 제비도 있지요.

갈라진 석회암 틈새에 물이 똑똑 떨어지며 암석을 천천히 녹여요. 떨어지는 물의 석회 성분이 수백 년에 걸쳐 굳어 '종유석'이라는 바위가 되지요.

박쥐는 '반향정위'라는 능력 덕분에 어둠 속에서도 잘 살아가요. 박쥐가 내보내는 음파가 주변 사물에 부딪혀 튕겨 나오면 반사된 음파를 통해 사물의 크기나 사물과의 거리를 알 수 있거든요.

눈으로 볼 수 없는 장님동굴고기는 주변의 압력 변화를 미세하게 알아차려 먹잇감을 잡아요.

놀라운 동굴 알아보기

가장 긴 동굴 : 미국 켄터키의 매머드 동굴, 길이 약 675킬로미터

가장 깊은 동굴 : 동유럽 조지아 압하지야의 베료브키나 동굴, 깊이 2,212미터

가장 긴 물속 동굴 : 멕시코 유카탄반도의 삭악툰 동굴, 길이 약 348킬로미터

멕시코의 삭악툰 동굴

알고 있나요? '종유석'과 '석순'은 서서히 자라서 동굴의 천장과 바닥을 잇는 기둥이 돼요. 하지만 종유석과 석순은 1년에 평균 0.13밀리미터 정도밖에 자라지 않아요.

인류는 동굴을 집이나 성스러운 장소로 삼았고, 동굴에 시신을 묻기도 했어요. 고대 벽화들은 주로 동굴 벽에 그려져 있지요.

사람 한 명이 들어갈 만큼 넓은 동굴이 만들어지려면 10만 년은 걸려요.

동굴의 형성

석회암 지대가 물에 침식되면 '카르스트 지형'이 만들어져요. 빗물은 공기나 흙에서 흘러든 이산화탄소 때문에 산성을 띠는데, 이 물이 갈라진 석회암 틈새로 스며들면 암석이 천천히 녹아 여러 가지 지형이 만들어지는 거예요. 그 가운데 하나가 동굴이에요.

물이 동굴 천장에서 지면으로 떨어지고 나면 물에 있던 광물 같은 '무기물'이 남아요. 이렇게 수천 년이 흐르면 무기물이 쌓여 석순이 되지요.

농경지

전 세계적으로 숲이나 초원 같은 자연적인 생물 서식지가 사라지고 있어요. 인구가 늘어나면서 더 많은 집, 생활필수품, 식량이 필요해져 자연 지형을 집과 공장, 농경지들로 바꾸고 있기 때문이에요. 농경지에서는 밀 같은 곡식을 경작하고, 과수원을 가꿔 과일을 얻어요. 소나 염소, 양 같은 가축을 키우기도 하지요.

작물 기르기

쌀은 전 세계 인구의 절반 이상이 주식으로 먹는 작물이에요. 대부분의 쌀은 아시아 지역에서 재배되지요. 옥수수는 남극 대륙을 제외한 모든 대륙에서 자라는데, 시리얼로 만들어 먹기도 하고, 채소처럼 요리해 먹기도 해요. 또 옥수수로 식용유를 만들기도 하고, 과자나 아이스크림의 재료로 쓰기도 하지요.

사람들은 고기와 우유를 얻기 위해 소를 키워요. 우유는 치즈나 아이스크림, 우유를 굳힌 '커드', 요구르트를 만드는 데에도 쓰여요.

살충제와 화학 비료

농경지는 새나 작은 포유류, 곤충의 서식지이기도 해요. 하지만 농경지에 뿌려지는 살충제는 생물 다양성을 위협하지요. 곤충을 죽이는 살충제가 그 곤충을 먹고사는 동물들까지 죽일 수 있기 때문이에요. 화학 비료 역시 환경을 위협해요. 화학 비료를 뿌린 흙이 수로에 흘러들면 물이 오염돼 물속에 사는 동식물이 살기 힘들어져요.

원숭이올빼미는 농경지에서 작은 포유류를 사냥해 먹고 살기도 해요. 농가의 담장이나 농경지 울타리에 둥지를 치고 새끼를 기르기도 하지요.

가장 많이 경작되는 작물 알아보기 (2019년)

1. **사탕수수** : 약 19억 5,000만 톤
2. **옥수수** : 약 11억 5,000만 톤
3. **밀** : 약 7억 6,000만 톤
4. **쌀** : 약 7억 5,000만 톤
5. **감자** : 약 3억 7,000만 톤

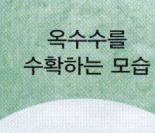

옥수수를 수확하는 모습

알고 있나요? 옥수수는 다양한 제품의 원료로도 쓰여요. 풀이나 페인트, 염료, 폭죽, 비누, 구두약, 항생제에도 옥수수가 들어 있지요.

도시

인간이 삶의 터전으로 삼는 공간을 점점 넓히면서 동식물이 사는 자연 서식지를 집어삼키고 있어요. 그 과정에서 많은 야생 동식물이 인간이 사는 도시로 들어와 도시의 환경에 적응하기 시작했지요. 하지만 도시는 동물에게 안전한 보금자리가 되어 주지 못해요. 자동차와 환경 오염 등 동물들에게 위협적인 것들이 너무 많은 데다 먹이도 인간이 버리는 음식 쓰레기나 인간이 건네는 먹이에 기대야 하기 때문이에요. 도시에서는 식물도 마음대로 살아가지 못해요. 공원이나 정원, 금이 간 콘크리트 벽 틈새, 철길 등 좁은 공간에서 자라나지요.

도시에 적응한 동물들

너구리뿐 아니라 맹금류와 하이에나, 심지어는 표범도 도시에서 살아가요. 다양한 원숭이 종들도 인간과 더불어 도시에서 살아가는 법을 배웠지요. 2000년, 인도 조드푸르에 심한 가뭄이 들어 많은 사람들이 목숨을 잃었지만 원숭이들은 가뭄을 이겨 내고 살아남았어요.

도시에 사는 동물들은 원래 자연에서 먹던 먹이가 아니더라도 무엇이든 먹어야 했어요. 도시에 사는 너구리들은 뚜껑을 열고 포장을 뜯는 법도 터득했지요.

둥지 만들기

야생 동물들이 자동차 소리 같은 도시의 소음에 익숙해지면서 동물들의 서식지도 변화했어요. 이제는 많은 새들이 나무가 아닌 건물에 둥지를 치고 굴뚝이나 지붕 틈새에서 새끼를 키워요.

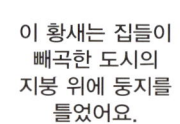

이 황새는 집들이 빼곡한 도시의 지붕 위에 둥지를 틀었어요.

제6장 대륙과 인간
세계 인구

중국 베이징에는 1제곱킬로미터당 약 1,334명이 살아요.

인류가 막 농사를 짓기 시작했을 약 1만 년 전, 세계 인구는 고작 100만 명에서 1,000만 명밖에 되지 않았어요. 고작 우리나라 인구의 5분의 1밖에 되지 않는 사람들이 전 세계에 흩어져 살았던 거예요. 그 뒤로 세계 인구는 자꾸자꾸 늘어나서, 지금은 무려 78억 명이 넘어요. 우리나라 인구의 무려 152배에 가까운 숫자이지요. 하지만 이렇게나 많은 사람들이 전 세계에 골고루 퍼져서 살고 있는 건 아니에요. 남극과 북극, 사막, 고원처럼 사람이 살기 어려운 자연 조건을 가진 곳에서는 사람이 거의 살지 못해요. 또 문명이 발달해 살기 편리한 도시에는 다른 지역에 비해 훨씬 많은 사람들이 살지요.

건강과 장수

인류의 수명은 예전에 비해 급격하게 늘어났어요. 19세기만 해도 유럽의 평균 수명이 약 28.5세에서 32세밖에 되지 않았어요. 하지만 지금은 73세나 되지요.

빈민가에서는 수많은 사람들이 아주 작은 구역에 다닥다닥 모여 살아가기도 해요.

그린란드는 전 세계에서 가장 큰 섬이에요. 하지만 2020년을 기준으로 인구는 고작 5만 6,000여 명밖에 되지 않아요.

인구가 가장 많은 나라 알아보기
(2021년 중반)

1. 중국 : 약 14억 1,230만 명
2. 인도 : 약 13억 9,300만 명
3. 미국 : 약 3억 3,230만 명
4. 인도네시아 : 약 2억 7,510만 명
5. 파키스탄 : 약 2억 2,540만 명

인도 델리

알고 있나요? 현재 일본은 평균 수명이 84.26세로 전 세계에서 가장 높은 나라예요. 평균 수명이 83.45세인 스위스, 83.3세인 우리나라가 그 뒤를 따르고 있어요.

중국의 수도인 베이징의 인구는 2,100만 명이 넘어요. 그 가운데 약 95퍼센트가 중국의 중심을 이루는 종족인 '한족'이에요.

인구의 증가

미국의 인구 조사 기관에 따르면, 2050년이면 전 세계 인구가 96억 명이 넘을 것으로 추정돼요. 1년에 약 6,200만 명씩 늘어나는 셈이지요.

서남아시아의 아랍 국가인 오만은 전 세계에서 인구가 가장 빠르게 증가하는 나라 가운데 하나예요.

아시아

아시아는 전 세계에서 가장 넓은 대륙이에요. 전 세계에서 가장 높은 곳과 가장 낮은 곳이 모두 아시아에 있고, 아시아의 해안선은 모든 대륙 가운데 가장 길어요. 아시아는 모든 게 꽁꽁 얼어붙을 만큼 추운 지역부터 불에 델 듯 뜨겁고 습한 지역까지 기후도 다양해요. 그 덕분에 지구에서 가장 다양한 동식물들이 사는 곳이기도 하지요.

가장 높은 곳과 낮은 곳

히말라야산맥의 에베레스트산은 높이가 8,848미터로 전 세계 대륙에서 가장 높은 곳이고, 짠물 호수인 사해는 육지에서 가장 낮은 땅이에요. 사해는 이스라엘과 요르단에 맞닿아 있는데, 사해의 수면 고도는 해수면보다도 395미터 낮아요.

인도네시아 망가라이 부족 사람들의 전통 의식인 '차치'는 채찍으로 싸우는 전통 춤이에요.

인구와 기후의 다양성

아시아에는 44개의 국가가 있어요. 그 가운데에는 전 세계에서 인구가 가장 많은 중국과 그다음으로 많은 인도도 있는데, 중국과 인도의 인구는 각각 14억, 13억 명이 넘어요. 전 세계 인구의 약 60퍼센트가 아시아에 살고 있지요. 또한 아시아는 나무가 없는 사막부터 온대 초원, 추운 냉대림 지대, 덥고 습한 열대림 지대까지 생물 군계도 다양해요.

일본의 수도인 도쿄는 대도시와 그 주변 지역이 함께 거대한 도시 생활권을 이루는 '메트로폴리탄'으로, 전 세계에서 가장 큰 도시 가운데 하나예요.

아시아 알아보기

- **면적**: 약 4,460만 제곱킬로미터
- **인구**: 약 45억 4,900만 명(2021년 중반)
- **국가**: 44개국
- **가장 큰 나라**: 중국(러시아는 유럽 국가로 분류돼요.)
- **가장 작은 나라**: 몰디브

아시아 대륙의 풍경

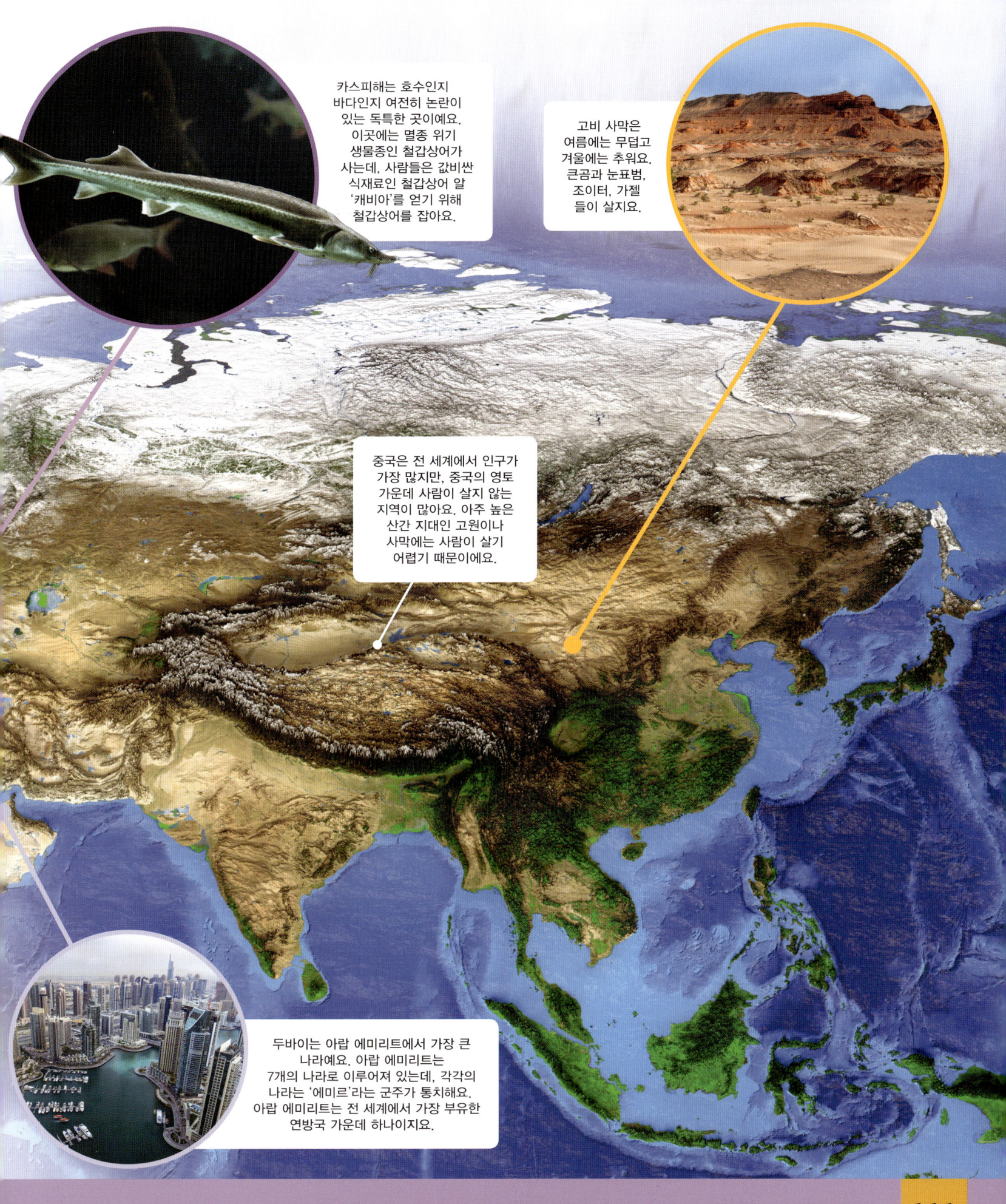

카스피해는 호수인지 바다인지 여전히 논란이 있는 독특한 곳이에요. 이곳에는 멸종 위기 생물종인 철갑상어가 사는데, 사람들은 값비싼 식재료인 철갑상어 알 '캐비아'를 얻기 위해 철갑상어를 잡아요.

고비 사막은 여름에는 무덥고 겨울에는 추워요. 큰곰과 눈표범, 조이터, 가젤들이 살지요.

중국은 전 세계에서 인구가 가장 많지만, 중국의 영토 가운데 사람이 살지 않는 지역이 많아요. 아주 높은 산간 지대인 고원이나 사막에는 사람이 살기 어렵기 때문이에요.

두바이는 아랍 에미리트에서 가장 큰 나라예요. 아랍 에미리트는 7개의 나라로 이루어져 있는데, 각각의 나라는 '에미르'라는 군주가 통치해요. 아랍 에미리트는 전 세계에서 가장 부유한 연방국 가운데 하나이지요.

알고 있나요? 아시아 대륙의 해안선은 전 세계 대륙 가운데 가장 길어요. 그 길이가 무려 6만 2,800 킬로미터에 달해요.

아프리카

아프리카는 지구에서 두 번째로 넓은 대륙이에요. 아프리카에는 사막, 열대림, 산간 지대의 숲, 초원, 습지 같은 생물 군계가 있어요. 높이가 5,895미터인 킬리만자로산은 아프리카에서 가장 높은 산이에요. 길이 6,700미터로 세계에서 두 번째로 긴 강인 나일강도 아프리카에 있어요. 나일강은 빅토리아 호수 부근에서 시작해 10개의 나라를 거쳐 이집트까지 흘러 지중해로 이어져요. 아프리카에서 가장 인구가 많은 두 도시는 나이지리아의 라고스와 콩고 민주 공화국의 킨샤사예요.

생명의 요람

아프리카는 인류가 처음으로 모습을 드러낸 대륙이에요. 고고학자들은 아프리카에서 약 30만 년 전 현생 인류의 화석은 물론 인류의 먼 조상인 오스트랄로피테쿠스의 화석을 발견했는데, 약 320만 년 전에 살았던 여성의 화석에는 '루시'라는 이름도 붙여 주었어요. 루시는 유인원처럼 두개골이 작았지만 인간처럼 똑바로 서서 걸었지요.

아프리카의 도시들은 그 어떤 도시보다 빠르게 성장하고 있어요. 2034년에는 일할 수 있는 나이의 인구를 가리키는 '노동 연령 인구'가 11억 명이 넘을 거예요.

아프리카의 다양성

아프리카에는 수천여 개의 부족이 살고, 이들이 사용하는 언어도 900개에서 1,500개에 이르러요. 게다가 이곳의 인구는 매년 약 2.5퍼센트씩 빠르게 늘고 있지요.

탄자니아와 케냐에 사는 마사이족이에요. 성인식이나 결혼식 같은 행사 때 추는 전통 춤을 추고 있어요.

아프리카 알아보기

- 면적 : 약 3,036만 제곱킬로미터
- 인구 : 약 13억 7,200만 명(2021년 중반)
- 국가 : 56개국
- 가장 큰 나라 : 알제리
- 가장 작은 나라 : 세이셸

세이셸의 타카마카

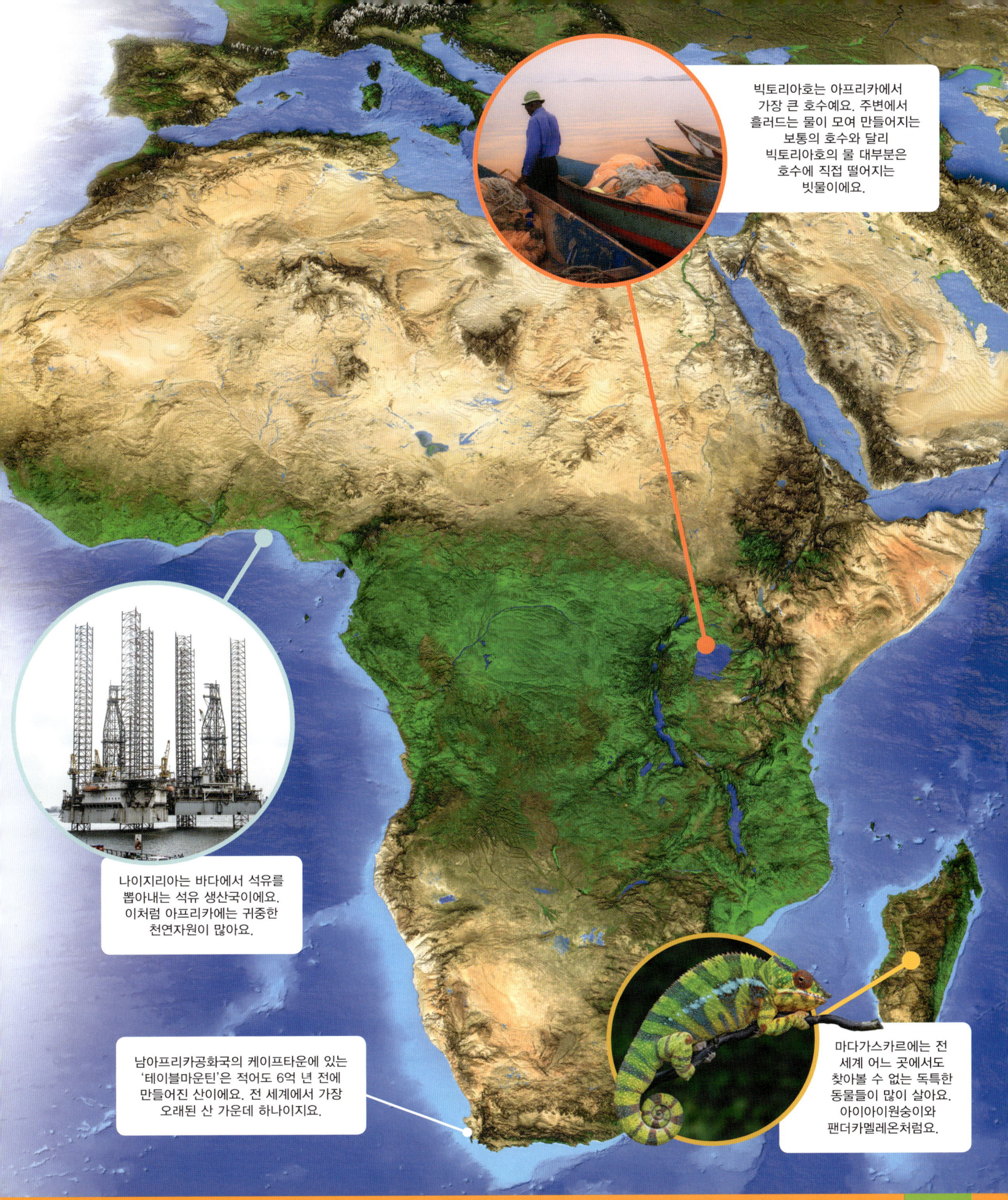

빅토리아호는 아프리카에서 가장 큰 호수예요. 주변에서 흘러드는 물이 모여 만들어지는 보통의 호수와 달리 빅토리아호의 물 대부분은 호수에 직접 떨어지는 빗물이에요.

나이지리아는 바다에서 석유를 뽑아내는 석유 생산국이에요. 이처럼 아프리카에는 귀중한 천연자원이 많아요.

남아프리카공화국의 케이프타운에 있는 '테이블마운틴'은 적어도 6억 년 전에 만들어진 산이에요. 전 세계에서 가장 오래된 산 가운데 하나이지요.

마다가스카르에는 전 세계 어느 곳에서도 찾아볼 수 없는 독특한 동물들이 많이 살아요. 아이아이원숭이와 팬더카멜레온처럼요.

알고 있나요? 아프리카 사람들의 평균 연령은 19세 8개월밖에 되지 않아요. 전 세계에서 가장 젊은 대륙이지요.

북아메리카

지구에서 세 번째로 넓은 대륙이에요. 북아메리카에는 캐나다, 미국, 멕시코와 그린란드, 버뮤다 제도 등의 섬들이 있어요. 남아메리카로 이어지는 길목의 중앙아메리카와 그 동쪽의 서인도 제도도 북아메리카로 볼 수 있지요. '아메리카'라는 지명은 1497년에서 1503년 사이에 이곳을 탐험했던 탐험가 아메리고 베스푸치의 이름에서 따왔어요.

아주 추운 곳에서 아주 더운 곳까지

북아메리카의 기후는 꽤 폭넓어서 다양한 야생 동물이 살아요. 북쪽 끝 알래스카와 캐나다에는 눈이 내리는 냉대림과 영구 동토대, 툰드라가 펼쳐져 있어요. 반면, 미국 캘리포니아부터 멕시코 소노라까지는 불타는 듯이 더운 소노란 사막이 있지요.

늑대들은 추운 기후에 적응해 살아가요. 몸에는 눈 속에서도 적의 눈에 띄지 않을 두꺼운 흰색 털이 나 있어요.

북쪽에서 남쪽까지

길이가 약 4,500킬로미터에 이르는 로키산맥은 캐나다 서쪽의 브리티시컬럼비아에서 미국 남서쪽의 뉴멕시코까지 뻗어 있어요. 이 산맥의 북쪽 끝과 남쪽 끝은 기후가 전혀 달라요. 이누이트 부족이 사는 북쪽 끝은 덜덜 떨리게 춥고 매서운 바람이 불지만 남쪽 끝인 뉴멕시코는 매우 건조한 사막의 기후와 비슷해요.

멕시코 사람들은 죽은 사람들을 기리는 '죽은 자들의 날' 축제 때면 화려한 옷을 입고 얼굴에 분장을 해요. 약 3,000년 전부터 시작된 이 축제는 아즈텍족 신화 속 죽음의 여신에게 바치는 제사로 시작되었어요.

북아메리카 알아보기

- 면적 : 약 2,452만 제곱킬로미터
- 인구 : 약 5억 6,900만 명(2021년 중반)
- 국가 : 23개국
- 가장 큰 나라 : 캐나다
- 가장 작은 나라 : 세인트키츠네비스

로키산맥의 모레인 호수

이누이트들은 북아메리카의 캐나다 북쪽, 알래스카와 그린란드에 살아요. 이곳의 환경은 무척 혹독하지만 이누이트들은 지금까지도 고래와 카리부, 바다표범을 사냥하며 살아가요.

미국과 캐나다 국경에 있는 슈피리어호의 스플릿록 등대는 1910년에 세워졌어요. 1905년에 폭풍 마타파가 휘몰아쳐 29대의 배가 부서졌는데, 그 뒤에 이런 일을 막기 위해 등대를 세웠지요.

쿠바에는 원래 과나아타베이족 같은 부족이 살고 있었어요. 하지만 1492년, 크리스토퍼 콜럼버스가 이 섬에 도착해 쿠바가 스페인의 영토라고 선언해 버렸지요.

멕시코에는 '테오티우아칸'과 '치첸이트사' 같은 고대 문명의 유적들이 남아 있어요.

알고 있나요? 약 3만 년 전부터 아시아에 살던 인류가 걸어서 북아메리카로 이동하기 시작했어요. 그때는 해수면이 낮아서 두 대륙을 잇는 '베링 해협'이 물 밖으로 드러나 있었지요.

115

남아메리카

지구에서 네 번째로 큰 대륙인 남아메리카에는 세계적으로 유명한 아마존 열대림과 아마존강이 있어요. 그뿐 아니라 세계에서 가장 긴 안데스산맥과 세계에서 가장 건조한 아타카마 사막, 초원인 팜파스 같은 자연 환경도 널리 알려져 있지요.

남아메리카의 언어

남아메리카에서 가장 큰 나라인 브라질은 포르투갈의 식민지였어요. 그 영향으로 포르투갈어를 사용하는 가장 큰 나라가 되었지요. 남아메리카에는 스페인의 식민 지배를 받은 곳이 많은데, 지금도 남아메리카에 있는 10개의 나라가 스페인어를 사용해요.

페루의 '나스카 라인'은 사막에 그려진 무지무지 커다란 그림이에요. 하늘에서 보면 그림의 선들이 추상적인 무늬나 동물 모양을 이루고 있어요.

남아메리카의 기록

전 세계에서 가장 큰 50개 도시 가운데 5곳이 남아메리카에 있어요. 브라질의 상파울루와 리우데자네이루, 아르헨티나의 부에노스아이레스, 페루의 리마, 콜롬비아의 보고타예요. 남아메리카에는 지구에서 가장 긴 강인 아마존강도 있어요. 우기가 되면 강의 너비가 넓어져 48킬로미터에 이르기도 해요. 아마존강의 열대림은 전 세계에서 가장 다양한 종의 동식물이 서식하는 곳이기도 하지요.

남아메리카에 사는 포유류인 나무늘보예요.

남아메리카 알아보기

- 면적 : 약 1,781만 제곱킬로미터
- 인구 : 약 4억 3,300만 명(2021년 중반)
- 국가 : 12개국
- 가장 큰 나라 : 브라질
- 가장 작은 나라 : 수리남

브라질의 수도 브라질리아

베네수엘라의 앙헬 폭포는 전 세계에서 가장 높은 폭포로, 그 높이가 979미터나 돼서 유네스코 세계 자연 유산에도 올랐어요.

안데스산맥은 육지를 가로지르는 산맥 가운데 가장 긴 산맥이에요. 길이가 7,000킬로미터나 되는 안데스산맥에서는 빙하나 화산, 사막, 숲 같은 다양한 지형을 모두 볼 수 있어요.

페루에 있는 잉카 제국의 '성스러운 계곡'을 배경으로 전통 의상을 입은 어린이들이 서 있어요. 잉카 제국은 1532년에 스페인에 정복당하기 전까지 아메리카 대륙에서 가장 큰 제국이었어요.

토코투칸은 아마존 열대림에 사는 1,300여 종의 새 가운데 하나예요. 이곳에 사는 조류 종은 전 세계에 알려진 조류 종의 10퍼센트도 넘어요.

알고 있나요? 전 세계의 고대 문명 가운데 3개가 아메리카 대륙에 세워졌어요. 그 가운데 잉카 문명과 마야 문명은 남아메리카에서 번성했지요.

남극 대륙

남극 대륙은 지구에서 가장 춥고, 건조하고, 바람이 많이 부는 대륙이에요. 남극 대륙의 대부분은 얼음으로 뒤덮여 있는데, 이 얼음의 두께가 최대 4.7킬로미터나 돼요. 나무나 관목도 자라지 않고, 꽃을 피우는 식물은 2종뿐이지요. 겨울에는 지평선 위로 태양이 떠오르지 않아서 대륙 전체가 깜깜한 어둠에 빠지기도 해요.

남극 조약

남극 대륙에는 터를 잡고 살아가는 사람들이 없어요. 잠깐 머무는 과학자나 관광객들뿐이지요. 남극에는 정부도 없어요. 대신에 남극 대륙에 오는 사람들은 '남극 조약'이라는 약속에 따라 행동해요. 남극 조약에 따르면 남극 대륙에서는 군사 행동이나 채굴이 금지되어 있고, 과학 연구를 할 수 있어요.

산맥과 바다

남극을 중심으로 자리한 남극 대륙은 로스해와 웨들해 사이를 가로지르는 '남극 횡단 산지'를 따라 동남극 지역과 서남극 지역으로 나뉘어요. 또한 길이가 1,200킬로미터도 넘는 감부르체프산맥이 남극 대륙을 가로질러요. 하지만 이 산맥은 600미터의 눈과 얼음 아래에 완전히 파묻혀 있기 때문에 보이지 않아요.

남극 관측 기지에서 온 과학자가 황제펭귄을 관찰하고 있어요.

남반구에 사는 혹등고래는 여름이면 남극으로 향해요. 먹이인 크릴새우가 풍부하기 때문이지요. 혹등고래 한 마리가 해수면 위로 솟아오르고 있어요!

남극 대륙 알아보기

면적 : 약 1,400만 제곱킬로미터

인구 : 계절에 따라 조금씩 다르지만 약 1,000명에서 5,000명 정도의 사람들이 남극 관측 기지에서 일해요.

최저 기온 : 영하 89.2도(1983년, 보스토크 기지)

얼음을 뚫고 맥머도 기지로 향하는 미국 해안 경비정

유럽

유럽은 지구에서 여섯 번째로 큰 대륙이에요. 세계 역사를 이야기할 때 빠질 수 없는 로마 제국과 고대 그리스가 태어난 곳이지요. 1993년, 이 지역의 몇몇 나라들이 '유럽 연합'이라는 공동체를 꾸렸어요. 현재 27개의 나라로 이루어진 유럽 연합은 경제, 무역, 국가 안보, 인권 문제에 대해 서로 도움을 주고받아요.

전쟁과 국경

역사 속에서 유럽 나라들의 국경은 여러 번 바뀌어 왔어요. 한 나라가 다른 나라와 전쟁을 벌여 정복할 때마다 국경선이 달라졌지요. 20세기에는 2번의 세계 대전이 유럽에서 시작돼 전 세계를 휩쓸었어요. 큰 전쟁이 아니더라도 작은 분쟁과 정치적인 변화로 국경선이 끊임없이 변해 왔지요.

이탈리아의 폼페이는 79년에 베수비오산이 폭발하면서 묻힌 로마 제국의 도시예요.

유럽 연합

20세기에 만들어진 유럽 연합은 유럽 대륙의 여러 나라들이 다양한 분야에서 하나가 되는 정치적인 공동체예요. 회원국 사이에서는 물건이나 돈, 사람들이 자유롭게 넘나들 수 있어요. 유럽 연합은 회원국들을 아우르는 의회와 깃발, 중앙은행, 법원을 갖추고 있고, 19개 나라가 '유로'라는 화폐를 사용해요.

이탈리아의 베네치아에는 118개의 섬이 있는데, 약 400개의 다리로 연결되어 있어요.

유럽 알아보기

- 면적 : 약 1,018만 제곱킬로미터
- 인구 : 약 8억 4,600만 명(2021년 중반)
- 국가 : 49개국
- 가장 큰 나라 : 러시아
- 가장 작은 나라 : 바티칸 시국

바티칸 시국

네덜란드의 수도인 암스테르담에는 100킬로미터에 달하는 운하와 90개의 섬, 1,300여 개의 다리와 고가가 있어요.

스칸디나비아반도에 사는 사미족은 순록이 끄는 썰매 경주를 즐겨 해요. 사미족 가운데는 여전히 순록을 길러서 고기와 모피를 얻고 교통수단으로 이용하는 사람들이 있어요.

다뉴브강은 유럽 중부와 동부의 10개 나라를 관통해 흘러요. 나일강과 함께 전 세계에서 가장 많은 나라를 지나가는 강이에요.

스페인은 지중해에 자리한 나라예요. 스페인의 카탈루냐 지역과 바스크 지역은 자기만의 고유한 문화와 언어를 가지고 있어요.

알고 있나요? 덴마크의 국기는 지금 쓰이는 국기 가운데 가장 오래되었어요. '단네브로그'라고 불리는 이 깃발은 1219년부터 쓰이기 시작해 14세기에 덴마크의 국기가 되었어요.

오세아니아

오세아니아는 원래 태평양에 흩어져 있는 섬들을 아우르는 말이었어요. 하지만 지금은 오스트레일리아와 뉴질랜드, 남태평양의 섬들을 가리키는 말로 주로 쓰여요. 오스트레일리아는 오세아니아에서 가장 큰 섬이자 전 세계에서 가장 작은 대륙이에요. 그다음으로 큰 섬은 파푸아뉴기니와 뉴질랜드이지요. 오세아니아 나라들은 대부분이 작은 섬나라예요.

섬과 산호초

오세아니아에는 약 1만 개 이상의 크고 작은 섬들이 있어요. 또 드넓은 오세아니아의 바다에는 산호초들이 고리 모양으로 배열된 '환초'가 많아요. 오스트레일리아의 북동쪽 바다에는 전 세계에서 가장 큰 산호초 군락인 그레이트배리어리프가 있는데, 그 길이가 무려 2,300킬로미터나 돼요.

그레이트배리어리프에 사는 흰동가리와 말미잘이에요.

드넓은 오지

오스트레일리아의 내륙 지역에 사는 사람은 많지 않아요. 이런 곳을 오스트레일리아에서는 '아웃백'이라고 하는데, 대부분 초원과 건조하고 돌이 많은 사막이지요. 오스트레일리아에는 이름이 붙여진 사막만 10개이고, 국토의 약 20퍼센트가 사막으로 분류돼요. 오스트레일리아 사람들 대부분은 바닷가를 따라 자리한 퍼스, 애들레이드, 멜버른, 시드니, 브리즈번 같은 큰 도시에 살아요.

오스트레일리아에 가장 먼저 정착한 선주민을 '애버리진'이라고 불러요.

오세아니아 알아보기

- **면적**: 850만 제곱킬로미터
- **인구**: 약 4,250만 명(2021년 중반)
- **국가**: 14개국
- **가장 큰 나라**: 오스트레일리아
- **가장 작은 나라**: 나우루

오스트레일리아 시드니의 오페라 하우스

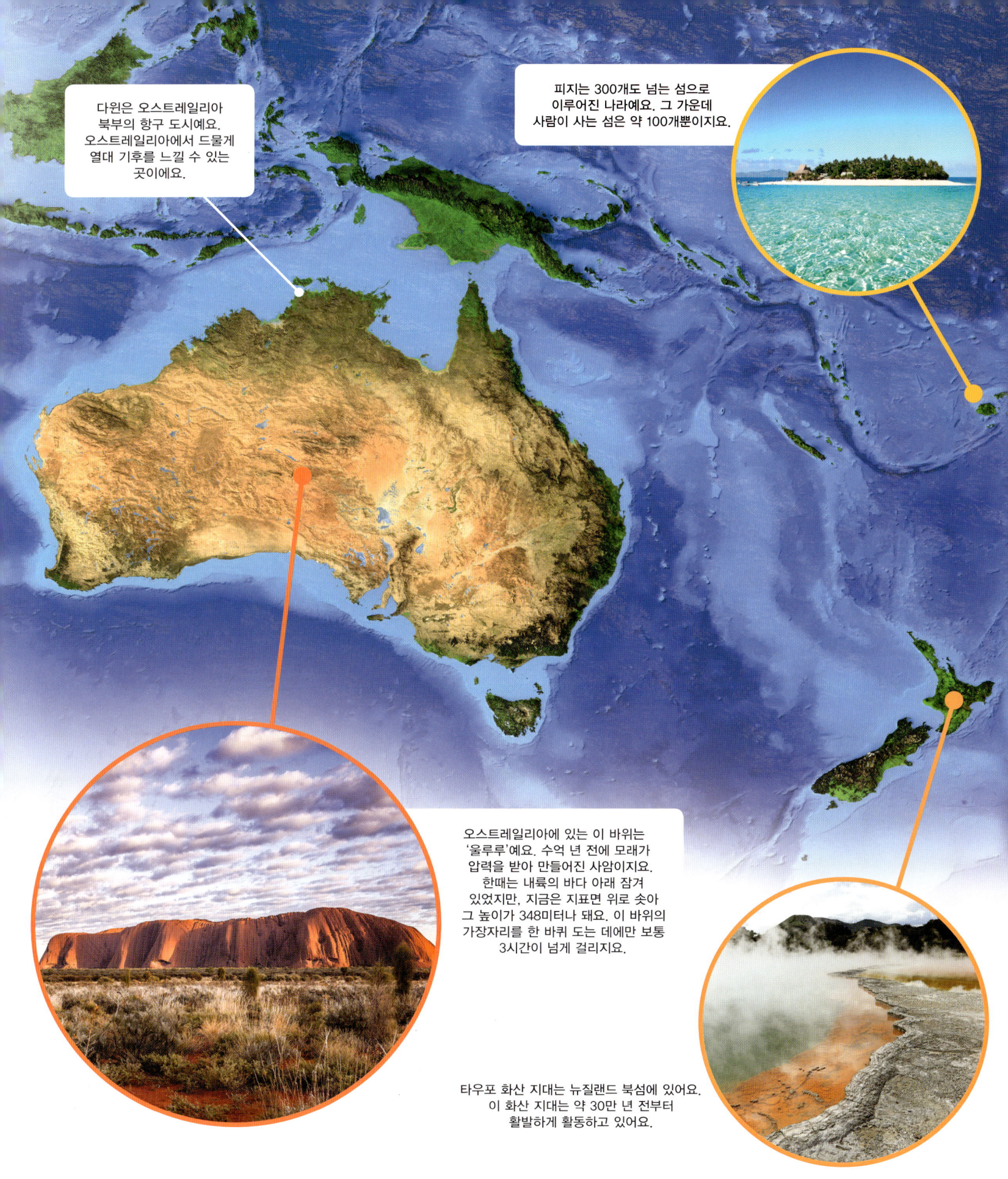

지도

인류는 어떻게 커다란 지구의 구석구석까지 알게 되었을까요? 그건 아주 오래전부터 세상을 더 알고 싶어 한 사람들이 위험을 무릅쓰고 용감하게 탐험에 나섰기 때문이에요. 탐험가들은 모험과 탐험에 그치지 않고 새로 알게 된 사실들을 다양한 방식으로 남겼어요. 처음 만나는 문명과 자연에 대한 책을 쓰기도 했고, 새로운 지형을 그림으로 그리기도 했어요. 특히 머나먼 거리를 작게 줄이고 그 지형의 특징을 알아보기 쉬운 기호로 간결하게 표시한 '지도'는 무척이나 유용했지요. 항해 도구와 다른 장비들이 발달하면서 사람들은 더욱 자세하고 정확한 기록을 남길 수 있었어요.

지도 만들기

지도는 육지나 바다 같은 지형을 보여 주고 도시나 도로, 해안선 같은 특징을 나타내요. 처음에는 사람이 지도를 직접 그렸고, 지도의 비율도 일정하지 않았어요. 하지만 이제는 인공위성 자료와 정교한 그래픽 기술 덕분에 정확하고 자세한 지도를 금세 만들 수 있지요.

잠수정은 보통 더 큰 탈것이나 받침대에 실려 바다 밑으로 내려가요.

우주에서 촬영한 인공위성 사진으로 지구가 어떻게 변하고 있는지 살펴볼 수 있어요. 사진 속 파라과이의 숲은 농경지가 되어 점차 사라지고 있어요.

별을 이용한 측량

18세기에 발명된 '육분의'는 세계 곳곳을 항해하는 선원들에게 유용한 도구였어요. 지평선 위로 뜬 별이나 달과 지평선의 각도를 측정해 측정 장소가 적도에서 북쪽 또는 남쪽으로 얼마나 떨어져 있는지 알게 해 주지요.

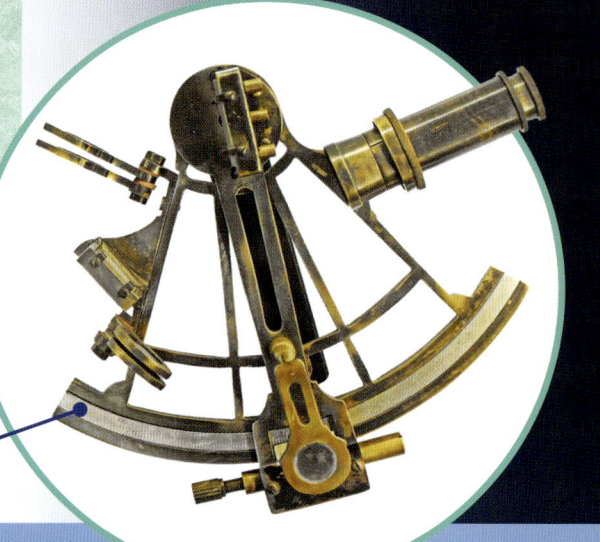

육분의는 눈에 보이는 두 물체 사이의 각도를 재는 도구예요. 별이나 달과 지평선의 각도처럼요.

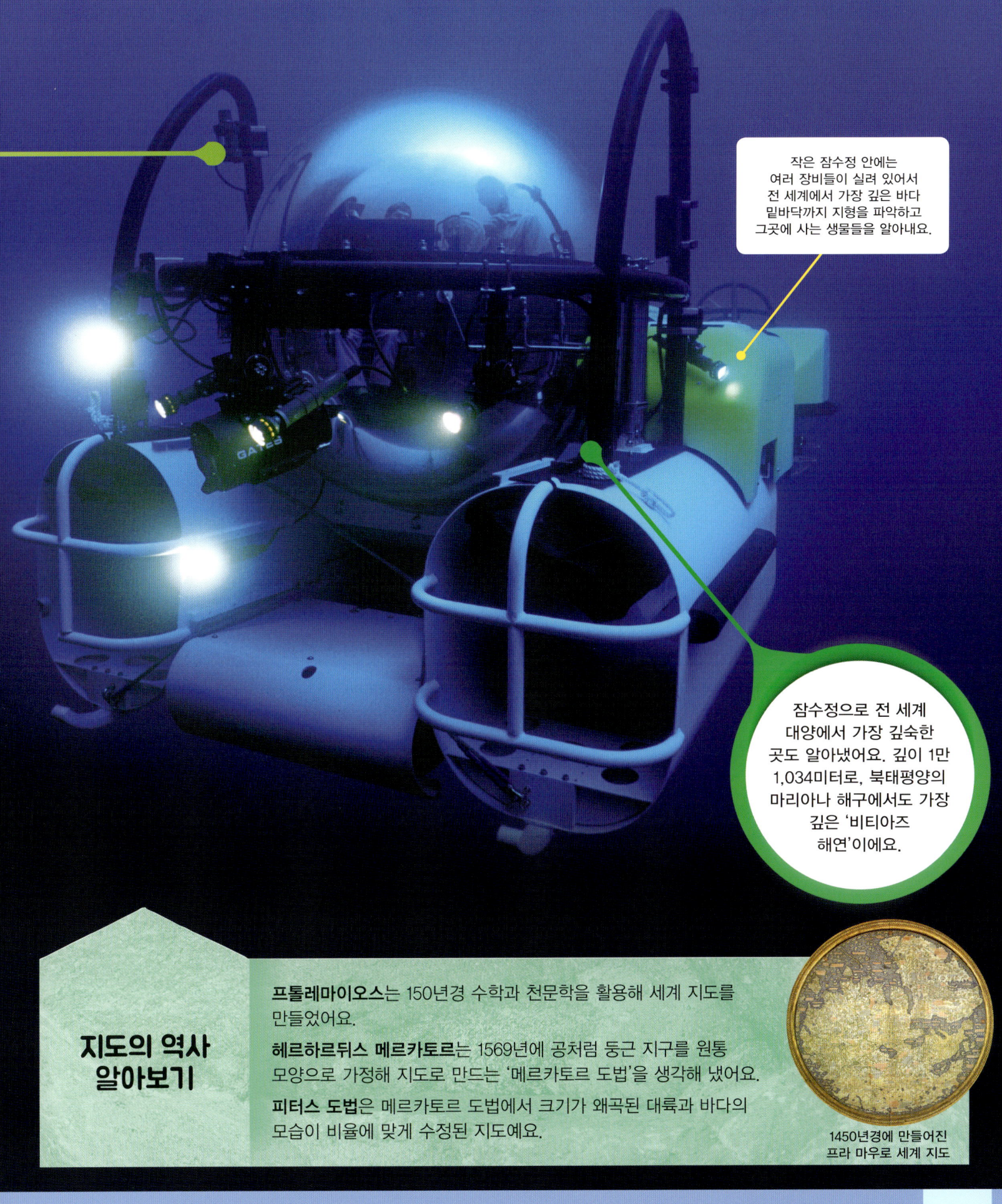

작은 잠수정 안에는 여러 장비들이 실려 있어서 전 세계에서 가장 깊은 바다 밑바닥까지 지형을 파악하고 그곳에 사는 생물들을 알아내요.

잠수정으로 전 세계 대양에서 가장 깊숙한 곳도 알아냈어요. 깊이 1만 1,034미터로, 북태평양의 마리아나 해구에서도 가장 깊은 '비티아즈 해연'이에요.

지도의 역사 알아보기

프톨레마이오스는 150년경 수학과 천문학을 활용해 세계 지도를 만들었어요.

헤르하르뒤스 메르카토르는 1569년에 공처럼 둥근 지구를 원통 모양으로 가정해 지도로 만드는 '메르카토르 도법'을 생각해 냈어요.

피터스 도법은 메르카토르 도법에서 크기가 왜곡된 대륙과 바다의 모습이 비율에 맞게 수정된 지도예요.

1450년경에 만들어진 프라 마우로 세계 지도

알고 있나요? 1450년경에 만들어진 '프라 마우로 세계 지도'에는 수백 개의 그림과 3,000개 이상의 설명이 실려 있어요. 이 지도를 완성하는 데 무척 오랜 세월이 걸렸지요.

지구의 미래

인간은 지구에 가장 잘 적응한 생물종이라고 할 수 있어요. 편안한 삶을 누리기 위해 자연을 이용하고 변화시켜 왔지요. 그 덕분에 세계 인구는 계속 늘어 왔고, 그만큼 더 많은 먹을거리와 정착지가 필요하게 됐어요. 하지만 지구는 인간만의 것이 아니에요. 지금을 살고 있는 우리만의 것도 아니지요. 만약 지금처럼 화석 연료를 사용하고 자연을 파괴한다면 인간은 물론 지구도 살아남을 수 없어요. 그래서 우리는 지구를 지키며 살아가는 방법을 찾아 실천해야 해요.

의학이 발달하면서 출산으로 인한 여성 사망률이 2000년에 비해 38퍼센트 정도 줄었어요.

사라지는 생물 군계

사람들은 농사를 짓고 집을 지을 땅을 마련하기 위해 매년 엄청난 넓이의 습지와 숲을 없애고 있어요. 하지만 다양한 생물 군계는 지구를 지키기 위해 꼭 필요해요. 이제는 사람들의 필요를 위해 자연을 쓰는 일과 지구에 함께 살아가는 동식물, 그리고 인류의 미래를 위해 자연을 보호하는 일이 균형을 이루어야 해요.

많은 나라들이 나무를 너무 많이 베지 않으려고 노력하고 있어요. 하지만 불법으로 나무를 베어 가는 사람들을 막기란 쉽지 않아요.

화성에 사는 인류?

전 세계 항공 우주국과 기업 들은 인류가 우주 공간이나 다른 행성에서 살 수 있을지 연구하고 있어요. 미국 항공 우주국에서는 2030년대에 화성에 사람을 보낼 예정이고, '스페이스엑스'라는 민간 기업도 2026년에 화성에 사람을 보낼 계획이에요.

영화나 책에서 인류가 우주에서 사는 모습이 종종 그려지곤 해요. 그림처럼 수천 명의 사람들을 태운 거대한 우주선을 곧 볼 수 있을까요?

2050년이면 전 세계에서 태어나는 신생아 5명 가운데 2명이 아프리카에서 태어날 거예요. 아프리카 어린이들의 복지와 교육 환경을 개선하고 빈곤을 해결하는 일이 무엇보다 중요하지요.

가난하든 부유하든 모두가 공평하게 의료 서비스를 받을 수 있어야 더 많은 아기들이 태어나고 살아갈 수 있어요.

인공지능 알아보기

2011년, 음성으로 작동하는 지능형 개인 비서 애플리케이션인 '시리'가 시작되었어요.

2016년, 프랑스 리옹에서 운전사 없는 무인 버스가 최초로 운행되었어요.

미래에는 병원이나 집에서 환자나 노인을 보살피고 힘든 집안일을 도맡을 로봇이 개발될 거예요. 뿐만 아니라 로봇 의사가 센서로 병을 빠르게 찾을 거예요.

무인 자동차의 감지 시스템

알고 있나요? 화성이나 금성 같은 행성의 환경을 인류가 살 수 있도록 바꾸는 일을 '테라포밍'이라고 해요.

용어 소개

- **광합성**
햇빛 에너지를 받아 이산화탄소와 물로 영양분을 만드는 과정이에요.

- **균류**
버섯이나 독버섯처럼 포자로 번식하는 유기체를 말해요.

- **냉대 기후**
온대 기후 지역과 한대 기후 지역 사이의 중간 지대로, 침엽수림이 자라요.

- **대멸종**
지구의 생물 다양성이 짧은 시간 동안 대부분의 지역에서 줄어드는 걸 말해요. 지구 역사에서 여러 번 겪은 일이지요.

- **먹이 사슬**
생물계에서 먹이를 중심으로 서로 먹고 먹히는 관계를 말해요.

- **미생물**
현미경으로만 보일 만큼 작은 생물로, 질병을 일으키는 바이러스를 포함해요.

- **방사성 물질**
원소가 붕괴되면서 방사선 또는 복사선이라는 강력하고 해로운 입자를 내보내는 물질을 말해요.

- **방전**
전기를 띤 물체에서 전기가 밖으로 흘러나오는 현상이에요.

- **분자**
2개 이상의 원자가 결합된 입자로, 한 물질이 자신의 성질을 잃지 않고 분리될 수 있는 최소의 단위이기도 해요.

- **빅뱅**
약 150억 년 전, 우주가 높은 온도와 밀도에서 대폭발을 일으켜 지금의 우주가 만들어졌다는 가설로, 우주의 탄생과 진화를 설명해요.

- **생물 다양성**
수백만여 종의 식물과 동물 종, 미생물, 그들의 유전자, 그들이 살아가는 생태계 환경을 아우르는 말이에요.

- **시추공**
지질을 조사하거나 광물이 땅속에 묻힌 부분을 탐사하기 위해 뚫은 구멍이에요.

- **아열대 기후**
열대 기후 지역과 온대 기후 지역 사이의 중간 지대로, 건조한 지역이 많아요.

- **운석**
우주에서 지구로 떨어졌지만 다 타지 않고 땅에 떨어진 유성으로, 광물 덩어리예요.

- **인력**
떨어져 있는 물체끼리 서로 끌어당기는 힘이에요.

- **자외선(UV)**
사람의 눈에 보이지 않는 파장이 짧은 빛으로, 화학 작용이나 살균 작용을 일으켜요.

- **적도**
북극과 남극에서 같은 거리에 있는 지구 가운데를 이은 가상의 선이에요.

- **적외선**
전자기 범위에서 붉은색 바깥쪽의 보이지 않는 전자기파로, 통신이나 의료 등의 분야에 널리 쓰여요.

- **중력**
지구가 지구 위의 물체를 당기는 힘이에요. 장소에 따라 중력이 조금씩 다른데, 적도 부근이 가장 작아요.

- **지진파**
지진이나 지표면의 진동으로 만들어지는 진동이에요.

- **진원지**
지진파가 처음으로 발생한 지역을 말하는데, 보통 위도와 경도로 표시해요.

- **충격파**
소리가 전파되는 속도보다도 빠르게 전파되는 파동이에요. 폭발 같은 강력한 진동으로 생겨요.

- **침식**
비, 하천, 빙하, 바람 등의 자연 현상이 지표를 깎는 현상이에요.

- **칼데라호**
화산 폭발로 분화구 주변이 무너져 생기는 오목한 지형 안에 물이 고여 만들어지는 호수예요.

- **환초**
고리 모양으로 동그랗게 배열된 산호초로, 고리 안쪽은 수심이 얕고 바깥으로는 큰 바다와 닿아 있어요.